SNSを駆使して
エジプトで漫画を出してみた

グローバルサウスの日本漫画と文化戦略

小泉清美

SNSを駆使してエジプトで漫画を出してみた ❖ 目次
グローバルサウスの日本漫画と文化戦略

プロローグ
石田和靖という男 7

ロボット遣唐使というパワーワード 8

第1章
中東・アラブの漫画事情 13

中東・アラブのアニメ・漫画と「オタク」 14
クレオパトラとティン・ヒナン。そして世界を駆け巡る桃太郎 18
アルジェリアの「DZマンガ」とは? 23

第2章
アフリカ大陸最大の漫画フェスティバル「FIBDA」 27

第15回FIBDAへの招待状 28

《ミッションⅠ》 芸術学校にて漫画の講義 32
アルジェの街中散策 37
《ミッションⅡ》低学年の子ども向け漫画ワークショップ 41
《ミッションⅢ》「YOKAI」についてのカンファレンス 45
アラブ諸国の漫画家たち 52

第3章
エジプト漫画プロジェクト 61

「越境漫画家」小泉清美ができるまで 62
エジプトへの挑戦──約3年におよぶ試行錯誤の軌跡 70
カズさんが主人公の漫画『XINOBI』とは 78

第4章
対　談　石田和靖 × 小泉清美 83
中東・アラブにおける、日本のコンテンツのポテンシャルについて

日本人の近未来忍者がアゼルバイジャンで活躍？ 84

目次

日本のアニメの影響力と日本の中東での存在感 88

漫画の発信で深まる中東各国の文化と交流 91

「越境4.0」の時代とその仕事術 93

漫画で日本のファンをもっと増やそう！ 96

漫画『XINOBI Co.,Ltd.（シノビ カンパニー・リミテッド）』日本語版

（最終ページから右開きでお読みください）

1話 1

2話 35

3話 67

プロローグ
石田和靖という男

ロボット遣唐使というパワーワード

「みんな、シンギュラリティって知ってる？ 2030年頃にはきっと、ＡＩが人類を超える時代になるんだ」

zoom 画面の向こうで上機嫌に語るのは、YouTube 番組『越境3.0チャンネル』の石田和靖氏だ。

石田氏（以降カズさん）は YouTube での動画配信のほか、日本各地で開催される講演会にも精力的に登壇するインフルエンサーだ。彼の肩書として「中東情勢専門家」という言葉がよく用いられるが、その目が追うのは中東諸国の動きだけにとどまらない。

特にここ数年、BRICS 諸国の躍進に注目が集まると、中国やロシアといった「日本のお隣さんたち」との付き合い方に関しても、今後の日本の将来を考える上での重要事項として、カズさんが発信する情報の主軸テーマとなった。

カズさんは語る。

「ぼくはね、日本のファンをもっと増やしたいんだ」

日本政府の方針とは相容れない政策を取る、いわゆる非友好的な国は世界に存在するが、それらの国で普通に生活を送る一般国民たちまでもが日本に悪いイメージを抱いているのかと問われれば、決してそうではない。彼らの中にはむしろ、日本のアニメや漫画といったコンテンツを愛し、積極的に日本人の精神や文化を学ぼうとする若者がたくさんいるのだ。

場面は zoom に戻る。

「でね、2030年は日本が唐に遣唐使を送ってからちょうど1400周年なんだよね。だからその記念すべき年に向けて、おもしろい企画を考えていてさ。今からみんなに説明するね」

カズさんが「おもしろい企画」の資料を画面共有する間、私を含めた

zoom参加者たちは、遠くない未来である2030年に対するそれぞれの所感を口にする。
「そういえば、サウジアラビアも〈サウジビジョン2030〉を発表していましたね。2030年は世界的に〈転換〉の年になるかもしれません」
　このzoomのやり取りは、カズさんが主宰する「越境3.0オンラインサロン」の定例会の様子だ。サロンの詳細については後述するが、このサロンには世界情勢に関心を持つメンバーらが集い、日本と世界を繋ぐプロジェクトの企画・実行や、専門家を招いての意見交換会が行われている。
「この資料を見て。遣唐使の中でも有名なのが阿倍仲麻呂なんだけど…」
　カズさんによりzoom画面へ表示された資料には、「鎮江市」の文字が。
「中国の鎮江市は阿倍仲麻呂の詩碑も建つ、日本とのゆかりが深い都市なんだ。だから遣唐使1400周年を記念したアニメを作って、鎮江市で上映できたらいいと思うんだよね。もちろん、ただのアニメじゃないよ」
　画面がスクロールされるにつれ衝撃的な文字が現れると、メンバーの目が資料に釘付けとなった。
「その名も、『ロボット遣唐使』‼」
「えぇ…？」
　一瞬の沈黙。
「ロボット」と「遣唐使」の絶妙なミスマッチ加減に、サロンメンバーたちはみな、ポカンとした表情を浮かべる。
「ちなみに…。そのアニメはどんなストーリーなんですか？」
　メンバーのひとりが神妙な面持ちで尋ねると、カズさんは饒舌に未知の物語の解説を始めた。
「ＡＩのシンギュラリティが起きた2030年の鎮江市では、子どもたちの間でロボット対戦バトルが大流行する。バトルが過熱するにつれ横暴なルールがまかり通るようになり、都市の秩序が乱れてゆく。そんな時、子どもたちの前に謎のロボットトレーナー〈阿倍仲麻呂〉が現れるんだ！」

何とも粗削りかつ、大胆な発想のストーリーだ。
　私はカズさんから投げられた物語の断片を頭の中で整理しつつも、胸の中でワクワク感が膨らんでゆくのを感じた。
　あぁ。またカズさんが「おもしろいこと」を始めるのだ…。
　カズさんが提案する企画の第一歩は、粗削りなものが多い。しかし、世界で活躍する彼の座右の銘は**「走りながら考える」**なのだ。

　最初の一歩は、どんなに粗削りな案でもいい。
　その粗削りな案を抱えて、彼は全力で走る。
　全力で走っていると、不思議なことに周囲から仲間が集まってくる。
　仲間たちから投げられる追加・修正案を受け止めながら、さらに走る。
　走る方向は、常に光の射す方だ。
　みなが笑顔になる方向へ。
　日本が世界と手を携え、日本のアイデアで世界が幸せになる方向へ。

　その様子はまるで、宇宙の暗黒星雲の中で重力を中心に物質が収縮し、やがて星となる原子星の誕生を見ているようだ。我々オンラインサロンのメンバーたちは、カズさんの粗削りな原案が徐々に磨かれ、誰もが驚くプロジェクトへと変化を遂げる「原始星誕生」の軌跡を幾度も目の当たりにしてきた。
　カズさん曰く、海外と交渉する上で日本人はこの「走りながら考える」手法を苦手とするのだとか。走りながら考えられない＝交渉の場で決断ができず、「日本に持ち帰って検討します」と他国から後れを取る様を、カズさんは遣唐使とかけて「検討使」と表現する。
　ちなみに阿倍仲麻呂は、わずか20歳代半ばで中国の官吏登用試験である科挙に合格し、唐の第9代皇帝・玄宗を傍でサポートする左補闕（さほけつ）に任命されるなど、類まれなる頭脳と適応能力の持ち主であった。そんな彼は、自

分の子孫たちが「検討使」と呼ばれていることを知ったら、子孫の我々にどんな言葉を投げかけるのだろう？

　生涯を中国で過ごした阿倍仲麻呂が望郷の思いを込めて読んだ歌が、鎮江市の北固山公園にある碑に刻まれている。

　　天の原　ふりさけ見れば　春日なる　三笠の山に　出でし月かも
　　　──大空を遥かに見渡してみると、月が出ている。
　　　あの月に故郷の春日の三笠の山に出たのと同じ月なのだろうか──

　阿倍仲麻呂は大空に浮かぶ月に、故郷である日本を想った。
　そして現在の日本は、世界の「月」と向かい合い、将来の自国の姿を想う岐路に立たされていると私は感じている。
　世界の国旗を見ると分かるが、イスラム諸国の多くは国旗に月がデザインされている。すなわち世界の「月」とは、イスラム教を国教とする中東・アラブ諸国だ。
　これまで日本は、中東・アラブ諸国から天然資源をさんざん輸入してきたにも関わらず、彼らの文化やものの考え方を理解しようとしてきただろうか？
　BRICSの主要国であるサウジアラビアに続き、他の原油産出国である中東・アラブ諸国も次々にBRICSへの加盟を表明する現在、日本は世界の動きに取り残されないためにも世界の「月」たちと良好な関係を築くべきではないだろうか。
　そして「月」を知ることは、彼らと握手を交わす「日本のお隣さんたち」の動きを見極めるヒントにもなるだろう。
　本書は、著者が「越境3.0オンラインサロン」に所属し、粗削りの状態で始まった「エジプト漫画プロジェクト」を小脇に抱え、カズさんと共に

爆走した約3年間の記録である。本書が日本とBRICS諸国との友好の証となり、読者のみなさんが中東・アラブ諸国との付き合い方を考えるきっかけとなることを切に祈る。

　そして、本書を出版するきっかけを与えてくれたカズさんと五月書房新社、プロジェクトの苦楽を共に歩んでくれた「越境3.0オンラインサロン」のメンバーたちに、心から感謝を申し上げたい。

　なお、「ロボット遣唐使プロジェクト」は、「越境3.0オンラインサロン」にて継続中である。

2024年9月吉日
越境漫画家　小泉清美

第1章

中東・アラブの漫画事情

中東・アラブのアニメ・漫画と「オタク」

　サウジアラビアは現在、プロローグにも挙げた「サウジビジョン2030」に力を注いでいる。「サウジビジョン2030」とは、サウジアラビアがオイルへの依存度を減らし、多様化するための戦略的フレームワークである。このプロジェクトにおいては、さまざまな公共サービス部門を開発する計画が盛り込まれているが、エンターテインメント（アニメ）産業の発展もまた、重要な柱の一つなのである。

　2021年には、ムハンマド・ビン・サルマン皇太子が創設したミスク財団の子会社であるアニメーション制作会社マンガ・プロダクションズと、日本の東映アニメーションがタッグを組んで制作した長編アニメ映画『ジャーニー　太古アラビア半島での奇跡と戦いの物語』が劇場公開された。

　首都・リヤドでも、毎年開催されるアニメエキスポが人気を博している。来場者はコスプレイヤーと写真を撮ったり、アニメグッズを買い求めたりと、日本のアニメイベントの様子とほとんど変わらない光景がサウジアラビアでも見られるようになった。

　日本のイベントと違う部分と言えば、イスラム教の信仰にそぐわないもの…たとえば、肌の露出が顕著な女の子キャラクターのフィギュアや、性的な描写が多いアニメ作品はやはり避けられる傾向にある。もし、日本人がサウジアラビアのコスプレイベントに参加する場合は、ミニスカートを避けタイツで肌を覆うなど、最低限の配慮が必要だ。

　そんな、今やすっかりアニメ先進国となりつつあるサウジアラビアでも、「サウジビジョン2030」が発表される前までは、正式なルートで日本のアニメを見ることが叶わなかった。それまでサウジアラビアのアニメファンたちは、いわゆる海賊版のアニメをネット経由で楽しんでいた訳だが、その海賊版たるや、日本で正規のアニメが放送された数時間後には、アラビ

ア語の字幕がついた状態でアップロードされていたというから、ファンたちのアニメに対する情熱には驚かされる。

さらに驚くことに、サウジアラビアでは宗教上の理由から、ついこの間の2018年まで映画館の運営が禁止されていた。つまり、**サウジアラビアでは、アニメや映画を大っぴらに見ることが許されてからまだ数年しか経っていない**のだ。

中東・アラブの子どもたちがアニメに飢えていた時代、絶大な人気を博したのが『UFOロボ・グレンダイザー』と『キャプテン翼』（アラブ名は『キャプテン・マージド』）だ。イラクでは、1982年からグレンダイザーの放送が開始され、放送時間の夕方6時には子どもたちが路地裏から消えたのだとか。グレンダイザーにハートを射抜かれた子どもたちは、大人になってからも作品に対する情熱が冷めやらず、2024年7月には サウジアラビアのマンガ・プロダクションズにより、待望のグレンダイザー新作アニメ『グレンダイザーU』が公開される運びとなった。

『キャプテン翼』に関しては、スーダンで2016年に国際協力機構（JICA）が、車体に同アニメをデザインしたごみ収集車80台を無償提供すると、収集車見たさに人々が集まり、街の衛生状態が一気に改善したそうだ。中東・アラブの人たちにとってアニメとは、表現が抑制されていた時代にかすかな光をもたらした「自由の象徴」なのかもしれない。

そんな中東・アラブのアニメファンたちだが、普段はどのように仲間と交流し、情報共有を行っているのだろうか。

彼らの交流の場のひとつとして、私がここ数年観察してきたのが、Facebookのアニメ交流グループだ。日本人の場合、最近はFacebookの若者離れが示唆されているが、中東・アラブの場合はいまだに多くの若者たちが利用している。

アラブ系アニメ交流グループの中には、メンバーが10万人を超える大所帯もちらほらと見かけるが、どこもモデレーターによって秩序よく運営されている印象がある。
　それらグループは、大まかに、

- □ 『グレンダイザー』専門グループ
- □ アニメ全般の情報共有グループ
- □ アニメに加え、日本の情報も混在グループ
- □ お絵描きグループ

に区分けされる。
　「『グレンダイザー』専門グループ」には、幅広い年齢層のファンが集う。子どもの頃に観たグレンダイザーの思い出を感慨深く語る中年層のメンバーと、新作グレンダイザーに期待を寄せる若いメンバーが入り混じり、作品の魅力について語り合う。ある若いメンバーが、かつて番組を共に視聴した亡き父の思い出を語ると、他のメンバーが彼の父の冥福を祈り励ましの言葉をかける。アニメを通じた温かな心の交流の場だ。
　「アニメ全般の情報共有グループ」は、とにかく情報の収集が早い。日本で新作アニメの情報が公開されると、数時間後にはグループのスレッドに投稿される。
　こちらのグループは学生の比率が高めだが、1980年代や90年代に日本で流行した過去のアニメや、好みの声優に関してまでもが話題に上がる。有名な声優の誕生日には、「おめでとう投稿」がスレッドを賑わせる。
　「アニメに加え、日本の情報も混在グループ」に至っては、日本の情報に飢えた猛者たちのるつぼだ。明らかに同人誌から引っ張ってきたような二次創作の漫画のコマの画像や、京都の観光地で売られているスイーツの動画まで、当の日本人すら知らないようなネタが錯綜する。印象に残ったの

は、日本の観光地でマナー違反をする外国人の動画が投稿された時だ。「まったく…。これだからガイコクジンは困るよね。日本のルールを守ってこそ、真の日本マニアだよ！」と声をそろえる彼らに対して、私は国籍の違いを忘れてしまった。

　最後に挙げる「お絵描きグループ」に所属するのも、若いメンバーたちだ。彼らは自分で描いたイラストや漫画を、スレッドに投稿してゆく。絵のレベルに関して言えば、日本のお絵描きグループと比較すると技術的に拙い面はあるが、特筆すべきは、彼らのほとんどがお絵描きソフトを使い、デジタルイラストを描いている点にある。鉛筆を使ってアナログのイラストを描いているメンバーは、ほんのわずかだ。

　イラストをアナログな方法で描く場合、紙や色ペンなどを一式揃えるとなると、かなりの金額が必要になる。よく、海外で購入した万年筆はインク漏れするという話しがあるように、日本のアナログ画材はレベルが高く、一昔前までは日本の画材を好んで買い求める海外のアーティストがいた。

　そんな時代はいつの間にか終わり、若者たちはすっかりデジタルイラストに移行していたようだ。発展途上国が既存の技術発展を経ることなく、いきなり最新の技術に触れて一気に広がる現象を「リープ・フロッグ（カエル飛び）」と呼ぶが、アニメや漫画の世界でも、同様の現象が起きている。

　現在世界でトップを走っている日本のアニメや漫画の技術が、今日明日、他国に追い抜かれることはないと思うが、中東・アラブの成長率を決して侮ることはできない。だが、たとえ新たな技術革新の波が日本のサブカル業界を震撼させる日が来たとしても、私はそれが、日本のサブカル文化の立場を危うくするとは思わない。世代を超えて愛されているグレンダイザーのように、中東・アラブの漫画・アニメファン、「オタク」たちは今後どんなことがあっても、日本のアニメを唯一無二の文化として支持し続けてくれるのではないかと思う。

クレオパトラとティン・ヒナン。そして世界を駆け巡る桃太郎

　さて、ここまで中東・アラブを一括りに語ってきたが、当然ながらそれぞれの地域にはさまざまな違いがある。

　それらの違いは、各国の衣装や食べ物・アラビア語の訛り具合といった部分からも垣間見ることができるが、アニメや漫画の「物語の好みのパターン」に関しても、地域によって微妙に分かれているように感じる。

　欧米諸国にポリティカル・コレクトネスの考え方が蔓延し、ディズニーやマーベルのヒーローたちの物語とその映像がLGBTQを意識して表現される中、イスラム教の国々がよしとするヒーロー像はとても分かりやすい。

　信仰深く、家族や仲間を大切にし、正義感溢れる男性。

　まさに、ロボットアニメの熱血主人公のようなキャラクターが賞賛される。最近は日本アニメの影響もあり、ヒーローの容姿に関しては「好みの幅」が広がったようだが、それでも基本的に主人公は「強い男」でなくてはならない。そんな「男らしい主人公」が好まれるアラブ諸国だが、アフリカ大陸のアラブ諸国となると「物語の好みのパターン」が若干異なる。この差異に気づいたのは、エジプトやアルジェリアの漫画家たちの作品に触れた時だった。

　2023年の夏、筑波大学にて教鞭を執られる、人文社会系・文学理論を専門とするフランス語圏文学教授、青柳悦子先生の研究室へお招きいただいた際、私は初めてアラブの作家の漫画を目にした。

　その漫画の物語は、アルジェリアの漫画家ナッティフさんによる冒険譚だったのだが、魔法で村を守る主人公は何と女の子だった。彼女に魔法を伝授する物語のキーパーソンは、彼女のおばあちゃんだ。他の作家の漫画を開いても、物語の中心で活躍するのは女性。たとえ主人公が男性の場合

第1章　中東・アラブの漫画事情

でも、必ずといってよいほど、仲間の女性が主人公に匹敵するレベルの活躍を見せる。

　アルジェリアはフランスの植民地だったことから、今でも日常の会話にはアラビア語とフランス語が使われている。そのことから私は当初、アルジェリアの漫画において女性が活躍を見せる理由は、フランスの影響なのでは？　と思ったが、すぐにそれは違うと悟った。フランスの文化が漫画の表現に影響を与えているのだとすれば、影響は男女の活躍比率だけではなく、キャラクターのファッションや生活様式などあらゆる場面に及び、作品全体から「フランスの香り」が漂ってくるはずである。しかし、漫画

の登場人物たちはアルジェリアの村や町で、通常のアルジェリア人として生活を送っているようだった。漫画の絵柄に関しても、フランス漫画（バンド・デシネ）より、日本漫画のテイストに近い作品が明らかに多い。

じつは、**各国における「物語の好みのパターン」は、その国の宗教や伝統が大きく影響している**と言われている。たとえば、**日本人の「好みの物語のパターン」**といえば『桃太郎』のそれだ。それを具体的に説明するために、まずは『桃太郎』のあらすじを箇条書きにしてみたい。

❶ 桃太郎が
❷ 犬・猿・キジを仲間にし
❸ 旅に出て
❹ 鬼を倒す

次に、日本の人気アニメ『ドラゴンボール』のあらすじを挙げる。

❶ 孫悟空が
❷ ブルマ・ヤムチャ・クリリンを仲間にし
❸ ドラゴンボールを探す旅に出て
❹ ピッコロ大魔王やその他敵を倒す

この２つを比較すると、物語の大まかな流れが酷似している。この「桃太郎のパターン」は『ドラゴンボール』だけではなく、『ワンピース』や『鬼滅の刃』など、多くの日本の漫画、アニメに当てはまる。

まさに、日本の物語の典型たる『桃太郎』。主人公の桃太郎のモデルは、第７代孝霊天皇の皇子・吉備津彦命と言われていることから、この「桃太郎のパターン」が古事記や日本書紀の時代に完成したことが伺える。さら

第1章　中東・アラブの漫画事情

に、日本の怪談に登場する幽霊に女性が多い理由は、黄泉の国へと渡った伊邪那美命がモデルになったからだという説もある。このように、**日本の人気コンテンツの背骨には、日本神話のモチーフ、その血脈が確実に受け継がれ、影響を及ぼしている。**

　話を戻して、アルジェリア漫画に見られる「女性活躍」の背景にも日本と同様に、古き物語の血脈が隠されているのではないだろうか？　そう思い立ち、アルジェリアの歴史を紐解いてゆくと、初めに「ティン・ヒナン」という女性に辿り着いた。

　ティン・ヒナンは4世紀ごろ、サハラ北部のモロッコのあたりに住んでいた、ベルベル人の王族の女性とされる。ベルベル人とは、北アフリカのマグレブ地域（チュニジア、アルジェリア、モロッコあたり）に古くから住む、ベルベル諸語を話す人々の総称である。現在のアルジェリア国内にはカビール人をはじめ、シャウィーア人、ムザブ人、トゥアレグ人の**4つのグループのベルベル人**が住んでいる。

　その中でも、トゥアレグ人はティン・ヒナンを、「テントの女性」や「私たち全員の母」という意味の「タメノカルト」と呼ぶ。「母」たる由来は、一族内の覇権争いからか、サハラ砂漠の北部から追い出されたティン・ヒ

「La Reine Tin Hinan」
（ティン・ヒナンの想像画）

An oil painting entitled, The Queen Tin Hinan, by Hocine Ziani(1953-). Collection:National Museum of Fine Arts of Algiers.(PD)

ナンの娘と、彼女の従者であったタカマットという女性の２人の娘が、トゥアレグ人の祖となったことに起因する。

　アルジェリアの歴史を賑わせた有名な女性はティン・ヒナンだけではなく、他にも複数おり、国を憂い、仲間を引き連れ戦った勇敢な女性戦士が名を連ねる。

□ **カヒナ**…７世紀に活躍したベルベル人の戦士。宗教的および軍事的指導者。優れたリーダーシップでさまざまなベルベルの部族を団結させ、698年に起きたメスキアナの戦いでは、ウマイヤ朝軍を破った。カヒナという名は「占い師」という意味を持つことから、未来を予見する能力があったとされる。

□ **ララ・ファトマ・ンスーマー**…1849年から1857年にかけて、アルジェリアの反植民地主義の指導者としてフランス軍と戦った国民的英雄。フランス人は彼女のことを「ジュルジュラ（アルジェリア北部の山脈の名前）のジャンヌダルク」と呼ぶ。彼女にもカヒナ同様に、未来を見通す力や病気を癒す能力が備わっていたという伝説がある。享年33歳。

　女性戦士たちの意志は時を超え、アルジェリアの女性たちに脈々と受け継がれ、1954年から８年間にわたり勃発したアルジェリア戦争においては、**ジャミラ・ブヒレド**や**マリカ・ガイド**など多くの女性が、フランスからの独立を願い戦いに身を投じた。時代が移り、アルジェリアがフランスから独立を遂げた今でも、若者たちが描く漫画の中に、過去の女傑たちの面影が確かに感じられるのには、なんとも胸が熱くなる。

　アルジェリアを離れ、周囲の北アフリカ諸国を見渡せば、エジプトの「クレオパトラ７世フィロパトル」や、世界初の大学を創設したモロッコの「ファティマ・アル・フィフリ」など、才色兼備な女性ばかり。史実に残ら

なかった多くの女性たちも恐らく、女性の才覚が育ちやすい土壌に育まれ、個性豊かに生きたのかもしれない。

さてここまで、国の宗教や伝統が国民の「好みの物語のパターン」に、影響を及ぼす例を挙げてきたが、ちょっと思い出してみて欲しい。

我が日本のコンテンツが、世界を席巻しているということを。

確かに、その国・その地域により、物語の好みの傾向は若干異なる。しかし、日本のコンテンツはその「好みの壁」をものともせず、世界中のファンを虜にしているのだ。

私は、**日本のコンテンツ…延いては日本神話には、宗教や人種の壁を越え、すべての人類を和合させる力がある**と信じている。

アルジェリアの「DZマンガ」とは？

日本の漫画はそのまま「MANGA」という表記で、海外に周知されている。
海外にも漫画文化が存在するが、それぞれの名称は、

- □ アメリカ漫画 ⇒ 「アメリカンコミックス」(アメコミ)
- □ フランス・ベルギー漫画 ⇒ 「バンド・デシネ」
- □ 韓国漫画 ⇒ 「マンファ」

などと区別され、それぞれが独自の画風・表現法を確立している。そんな世界の漫画市場に、20年ほど前から頭角を現し始めたのが「DZマンガ」だ。恐らく、漫画大国で育った日本人でも、その名を知る人は一握りの漫画研究者のみだろう。

「DZマンガ」とは、アルジェリア特有の漫画文化である。

2008年、国営ラジオ局のジャーナリストであったサリム・ブラヒミ氏に

より、漫画出版社「Z－Link」が設立された。「Z－Link」は、漫画アニメ情報誌「ラーブストル」を発刊し、その紙面に掲載する漫画作品を募った。紙面掲載の条件は、アルジェリア人作家による、アルジェリアを舞台とした、アルジェリア人を主人公とした漫画だった。この、100％アルジェリア漫画こそが、のちの「DZマンガ」の先駆けとなる。

　ちなみに、「DZマンガ」のDZは、アルジェリアの国名コードから借用されている。

　アルジェリアは、1962年にフランスからの独立を果たした。1962年と言えば、２年後に迫る東京五輪を前にして日本が「オリンピック景気」に沸いていた頃である。

　独立を果たした後もアルジェリア国内の情勢は安定せず、1991年には内戦に突入する。独立後の1960年代から80年代は、いわゆる「アルジェリア漫画第１期」と呼ばれる時代ではあったが、言論統制の影響や資金不足から、伝説的漫画誌「ムキデシュ」やその他小さな漫画雑誌が、数号発刊された後、いつの間にか姿を消していった。

　そんな暗い時代を乗り越え、「アルジェリア漫画第２期」として登場した「DZマンガ」は、「第１期」とは明確に異なる特徴がある。それは、第１期の画風はフランス漫画的であったのに対し、第２期の画風は極めて「日本的」である点だ。内戦の最中にあった当時のアルジェリアに対しても、日本の漫画やアニメというコンテンツが影響を及ぼし、若者たちに夢を与え続けていたことには深い感銘を覚える。さらに、すっかり漫画文化が普通になってしまった日本人の想像を絶するほどに、アルジェリアの漫画家たちは「DZマンガ」に熱意と覚悟を込めていた。

　筑波大学の青柳教授によると、現在、現役で活躍中のアルジェリアの漫画家はいわゆる「インテリ層」が多く、中には医師と漫画家を両立する道を選択した若者も存在するという。優秀な彼らであれば、失業率が11％を

超える（2019年のデータによる）母国を離れヨーロッパへ渡り、さらに良い職を得ることは十分に可能なはずだが、その道を選択しないのは、彼らの胸にアルジェリアの新しい文化を構築したいという志が燃えているからだ。

　現在、紙の価格が高騰し、漫画のネット配信も行われていないアルジェリアにおいて、漫画家を生業とするのはかなり厳しいと思われるが、それでも彼らはオリジナル漫画制作の他に、子ども用学習誌の挿絵を手掛けたり、漫画イベントに参加しながら、日々漫画の鍛錬を続けている。

　そんなアルジェリアの漫画家たちが一堂に会する場が、アフリカ大陸最大のコミックイベント「アルジェ国際漫画フェスティバル」（FIBDA・フィブダ）だ。光栄なことに、私は第15回FIBDAへ参加する機会を得て、2023年の秋に初めてアルジェリアの地を踏むこととなった。

　次章では、私がFIBDAで体験した、リアルなアルジェリアの漫画事情をご紹介したいと思う。

第15回 FIBDA への招待状

　アルジェリアは1991年から2002年まで内戦状態にあり、2000年代半ばに入り国内情勢が安定してきた。そこでアルジェリア文化省（現在は文化芸術省）は内戦終結を国内外へアピールするため、2008年より大規模な文化イベント「アルジェ国際漫画フェスティバル」（以降FIBDA）を開催し、今日に至っている。

　日本からも毎年、さまざまなゲストが招聘されFIBDAに参戦しているのだが、2023年度・第15回目の日本人ゲストは、筑波大学の青柳悦子教授（以降青柳先生）、アニメーション監督の片淵須直氏、そして私の計3名だった。ちなみに青柳先生は名誉ゲストとして、毎年FIBDAに参加されている。

　2023年の5月頃、「Z−Link」の創業者にしてFIBDAの大会責任者であるサリム・ブラヒミ氏から、Facebookを通じて大会へのお誘いをいただき、私は「ぜひ参加させていただきます！」と二つ返事で即答した。私は海外旅行の経験も乏しく、初めてのアフリカ大陸渡航は当然、不安でしかなかったが、即答したのは「検討師になるな」という、カズさんの教えを実行したかったからだ。8月にはサリムさんから正式な招聘状が届き、半ば夢見心地のまま、あっという間に渡航日を迎えてしまった。

　私がFIBDAのゲストとして与えられたミッションは、次の3つだった。

Ⅰ　首都アルジェの芸術学校にて、漫画の講義を行うこと。
Ⅱ　FIBDAの会場で、低学年の子ども向けに漫画のワークショップを行うこと。
Ⅲ　同じくFIBDA会場にて「YOKAI」についてのカンファレンスを行うこと。

第 2 章 アフリカ大陸最大の漫画フェスティバル「FIBDA」

第15回 FIBDA のパンフレット
開催前には宣伝用の短編アニメーションも制作され、SNS 上で公開された。

3つめのカンファレンスのお題「YOKAI」とは、日本の「妖怪」のことである。
　妖怪は我が国において、古来から草紙や文献の中で親しまれてきた存在であり、現在ではアニメや漫画の世界でも常連として活躍している。しかし外国人の視点から見ると、彼らは非常にユニークな存在なのだとか。妖怪は人間を恐怖に陥れるのが常だが、時に恐怖を通して人間に教訓を与え、河童のように人間の灌漑工事を手伝う者が現れたり、座敷童に至っては家庭に幸福までもたらしてくれる。一方、特に西洋の妖怪的なもの…「悪魔」や「ゴースト」たちは、完全なる人間の敵として表現される場合がほとんどだ。したがって、異形の存在でありながら多角的な性格を併せもつ日本の妖怪を解析することにより、日本のアニメや漫画をよりいっそう深く楽しむことができるのではないか？　と考えている外国人も多い。

　2023年10月3日。
　日本時間の深夜1時に羽田空港を出発し、途中、ドーハ空港を経由して、アルジェリア時間の3日正午過ぎには首都アルジェにあるウアリ・ブーメディアン空港へ到着。発着の日付は同じだが、時差があるのでトータル18時間以上は飛行機に乗っていたことになる。
　空港へ到着すると、FIBDAのスタッフの男性が出口で出迎えてくれた。その方に教えてもらいながら、空港で日本から準備してきたユーロを少しだけアルジェリア・ディナールに換金する。アルジェリア国内ではカードが使えない店が多く、また公衆トイレを使用する際は少額の使用料を支払うルールがあるので、どうしても小銭が必要なのだ。
　換金を済ませると、すぐに彼の車へ乗り込み、FIBDA大会本部が用意してくれたホテルへと直行する。車の窓を開けると、意外にも涼やかな風が頬を撫でた。アフリカ大陸はさぞかし暑いだろうと覚悟して日本を出た私にとって、日本の初秋を感じさせられるアルジェリアの気候には驚かさ

れた。確かに日差しは強いが、日陰に入れば汗ばむこともない。

　首都アルジェの中心部に入ると、フランス統治時代に建設されたヨーロッパ調の白壁の建物が建ち並ぶ。ヒジャブをまとったイスラム教徒の女性が、焼き立てのバゲットを抱えて歩く姿は、単なる文化の多様性では済まされない複雑な事情を、この国の歴史が抱えていることを伝えてくれるようだった。車窓から街並みを堪能していると、いつの間にか「ホテル・スイス・アルジェ」へ到着。白壁が美しい、歴史を感じるホテルだ。

　ホテルにて、私より一足先にアルジェリアへ到着していた青柳先生と合流すると、安堵感からか、明日より始まるFIBDAへの不安が自然と口を衝いた。何よりも不安だったのが、言葉の壁だ。日本語以外ほぼ喋ることができない私は、FIBDA期間中ずっと青柳先生の力をお借りすることになる。

　そんな不安の中でも、青柳先生の励ましや各国ゲストの陽気な自己紹介に元気づけられ、みんなで美味しい夕食を堪能した後、その日は早々に床に就いた。部屋の窓から見える路地に灯った、オレンジ色の街灯が美しい。

ホテル・スイス・アルジェ（著者撮影）

《ミッションⅠ》芸術学校にて漫画の講義

　FIBDA初日の10月4日。私は、早朝に響くアザーン（イスラム教の礼拝の呼びかけ）の声で目を覚ました。

　窓を開け、静かな路地に視線を落とすと、ヨーロッパ風の街並みの中にも、ベランダの格子の形状や、向かいのアパートのベランダに引っかけられた取り込み忘れの洗濯物の柄など、随所にイスラム風なデザインが確認できる。荘厳なアザーンの声と相まって、ここはイスラム教の国なのだと改めて思い知らされる。

　午前9時。ホテルの前に、ゲスト送迎用のバスが到着。FIBDA 1日目の私の任務は、首都アルジェにある芸術学校にて漫画の講義を行うことだ。

　学校の正しい名称は、「アルジェ高等芸術学校アーメド＆ラバサリムアセラ」（通称ESBA）。高等学校と表記されるが、カリキュラムは5年間あることから、日本の感覚だと大学付属高校のような学校だろうか。フランス統治時代の1954年に、フランス人建築家レオン・クラロとジャック・ダルベダによって建設された白亜の校舎は荘厳で美しいの一言に尽きるが、校内に足を踏み入れると、生徒たちの活気で溢れていた。彼らの芸術に対する情熱はトイレのドアにまで及び、ドアにはびっしりとカラフルな絵が施されていたのが印象的だった（注・落書きにあらず）。

　青柳先生と共に教室に入ると、40名ほどの生徒たちが緊張の面持ちで着席していた。彼らは全員が同じクラスメイトではなく、空間デザイン科や造形科などさまざまな学科からこの日のために集まってくれた、日本の漫画のファンたちだ。

　講義内容の決定は私に一任されていたので、日本にいるうちからあれこれと考えを巡らせ、選んだのは、「キャラクターの擬人化」講義だった。理

第2章　アフリカ大陸最大の漫画フェスティバル「FIBDA」

アルジェ高等芸術学校アーメド&ラバサリムアセラ（著者撮影）

講義の様子（中央左：青柳先生、中央右：著者）

33

由は至極単純で、生徒たちが学校を卒業したあと、国の経済の中に得意な芸術をうまく落とし込んで欲しいと考えたからであった。もう少し詳しく説明すると、日本では、各都道府県や地域の特産品の擬人化した各キャラクターが創作され、キャラクター・グッズを作って販売するといった、サブカルチャーを経済に活用する光景がよく見られる。しかし海外では「漫画＝幼い子どもが楽しむもの」という考えが根強く残る国が少なくないため、行政や企業が漫画を利用するという概念自体が未だに薄い。

　もし彼らの世代が、漫画を商業利用する範囲をグンと広げてくれたなら、DZマンガのキャラクターがアルジェリアの特産品に描かれて、海外へ輸出される日が来るのではないだろうか？　そんな思いを込めて、私は生徒たちに**「アルジェリアの擬人化キャラクターを描いてみましょう！」**と、お題を伝えたのであった。

　さすが芸術学校の生徒。私が詳細を伝えるまでもなく、みな一斉にペンを走らせ始める。私は生徒たちの作業を見守りながら、擬人化キャラクター制作のコツをポツポツと語る。
「みんな、日本のアニメで『ヘタリア』って作品があるんだけど、知ってる？」
　生徒たちの間からクスクスと笑いが起こり、「もちろん知っていますよ」というジェスチャーが送られる。
　ヘタリアは、日丸屋秀和氏による大人気作品で、アニメは何期にも渡って制作されている。各国の擬人化キャラクターが活躍するストーリーであり、キャラクターの容姿はとてもかわいらしい。しかし残念なことに、作中に「アルジェリアさん」は未だ登場していない…。
　生徒たちへ、アドバイスを続ける。
「『ヘタリア』のように、国民性をキャラクターの性格に投影する方法もあるし、国旗の色をキャラの服に使うのもいいね。あとは、アルジェリア

の花とか特産物、食べ物とかね。そういったものの色や形の特徴を反映させて、キャラクターを見た時に、それらのイメージがパッと伝わる工夫をしてみて下さい」

　30分ほど経つと、「できました」と生徒たちの手が挙がり始める。挙手してくれた生徒数名を指名し、それぞれの作品の解説をしてもらうことにした。生徒たちは、はにかみながら作品を胸の前に掲げデザインの解説を始める。

「このキャラクターは、アルジェリアの代表的な食べ物「クスクス」をイメージして描きました。彼の髪はクスクスでできていて、人々にさまざまなクスクスのレシピを教えてくれます」
「この女の子のキャラクターが着ているのは、ベルベル人の伝統的な民族衣装です。民族衣装には地域によって個性的なバリエーションがあるので、彼女にはたくさんの姉妹がいます」
　などなど。

　それぞれのキャラクターはとても個性的で、アルジェリアの特徴をよく表したすばらしい作品だったのだが、その中でもいちばん印象に残ったのは、ヒジャブをまとった女生徒の発表だった。
　彼女はみなの前に立つと、落ち着かない様子でしばらく沈黙していたが、隣に立つ友人に促されると、堰を切ったように語りだした。

「このキャラクターはね…。〈ヒラク〉を表現しているの」

「ヒラク」という言葉を耳にした瞬間、教室の学生たちが一瞬、凍りついたように沈黙する。私はこの段階で「ヒラク」の意味を理解していなかったが、眼前の学生たちの様子から、ただごとではない言葉であると察した。

ピンと張りつめた空気の中、彼女は声を震わせながら、キャラクターの説明を続ける。
「ヒラクは私たちの誇りであり希望で…。だからこのキャラクターは、どんな力にも負けないし優しいの」
　彼女の言葉が終わると、教室中から拍手が沸き起こった。友人たちの温かな反応に、彼女の表情がようやく緩む。彼女の後にも生徒たちの発表が続き、「アルジェリア擬人化」の講義は約１時間で終了した。私のつたない講義に最後まで付き合ってくれた生徒たちと、私の隣でずっと通訳をして下さった青柳先生には、心から感謝を申し上げたい。
　私は先ほどの「ヒラク」の真相が気になったが、同日の午後にFIBDAの会場で催されたオープニングセレモニーへ出席するため慌ただしく移動し、その意味を知ったのは夜になってからだった。
「ヒラク」とは、アルジェリアの集団抗議運動を指す言葉であった。手に抗議のプラカードを持ち、大勢で往来を練り歩く、いわゆるデモ行進だ。デモといっても、フランスで行われるデモのように、火炎瓶を警官に投げつけたり、どさくさに紛れて商店から物を盗んだりはしない。「ヒラク」では、参加者が暴力に訴えることなく、声を上げてひたすら歩くのみ。その様子は日本でときおり行われるデモ行進に似ている。
　アルジェリアは独立当時、社会主義の影響を受け、その後も内戦の期間が長く続くなど不安定な情勢が続いたため、今も国民の言論に対してある程度の制限があるようだ。そんな状況下において、「ヒラク」はアルジェリア国民が唯一声を上げる手段であり、無駄な流血を避けるデモスタイルは、後世にまで争いを持ち越したくないという、アルジェリア国民の平和の意思の現れのようにも感じる。
「ヒラクは私たちの誇りであり希望で…。だからこのキャラクターは、どんな力にも負けないし優しいの」
　芸術学校で「ヒラクの擬人化キャラクター」を披露してくれた女生徒の

言葉と表情が脳裏に蘇る。それと同時に、私は己に対して強い怒りが込み上げてきた。あの時、あの子はどれほどの勇気を振り絞って、「ヒラク」に対する想いや、表現の自由が制限されたアルジェリアの現状を、私に知らせようとしてくれたのだろうか。そして私は、なぜあの子に大した言葉もかけず、教室を後にしてしまったのだろう。ホテルの部屋で、昨夜と同じオレンジの街灯に照らされながら、己の無知さをひたすら恥じた。平和ボケにも程がある。

アルジェの街中散策

　翌日の10月5日は特に予定が入っていなかったが、FIBDAの会場を見て回りたかったため、他国のゲストたちと一緒に会場へ出向いた。FIBDAは、ホテルからバスで20分ほどの場所にある、独立殉教者記念塔前の広場で毎年開催されている。

　広場には出版社やゲーム関連企業の白いテントが建ち並び、親子連れの姿がちらほら見えた。客足は午前中よりも午後のほうが多く、イスラム教国の休日である金曜日にいちばんのピークを迎える。各テントの展示を覗きながら独立殉教者記念塔への階段を上がると、眼下に地中海が広がっており、しばらくの間、その絶景に目を奪われた。

　海風に目を細めながら、なだらかな水平線に視線を滑らせる。白壁の街並と青い海はまさに地中海リゾートの眺望そのものだが、地中海は古代から現在に至るまで、多くの文明が行き交った「文明の交差点」だ。すぐそこにある港にも、かつてはバルバリア海賊の船が停泊していたのだろうか…と想像が膨らむ。

　ほどなくして、FIBDAのガイドを務める男性に声をかけられた。他の国のゲストたちと一緒に、アルジェの街の観光に連れて行ってくれるようだ。ガイドの男性にいざなわれ、総勢10名ほどの団体が海沿いの坂道を下っ

独立殉教者記念塔（著者撮影）

て行く。しばらく歩くと路肩に小道が現れ、木々の向こうに古びた建物のシルエットが浮かんだ。それは、ヤシの木に囲まれたアラビア調の小さな宮殿で、名は「ヴィラ・アブド・エル・ティフ」。18世紀に建設された後、持ち主が点々と変わり、現在はアルジェリア文化影響庁（AARC）の本部として機能している。フランス植民地時代には、診療所として使用されていたとのこと。この宮殿も数奇な運命を辿ったようだ。ガイドの解説を聞く私たちの横を、黒猫が宮殿の主のように優雅に歩いて行った。

　その後、最寄り駅から地下鉄に乗り街中散策へ。さすが首都だけあって、通りにはブティックやコスメ専門店など華やかな店舗が並ぶ。もちろん庶民的な店も存在するが、試しに雑貨屋でプラスチック製のヘアブラシを買ってみると、なかなかの値段を吹っ掛けられる。俗にいう「観光客プライス」だ。街には若者が圧倒的に多く、街路樹の木陰に集まり楽し気に語り合うグループや、友達同士でウインドウショッピングを楽しむ女性たちで賑わっている。
　ガイドの男性に「アルジェの街はどう？」と聞かれた私は、
「若い人で賑わっていて良いですね！」
　と、率直な意見を述べた。するとガイドの男性は肩をすくめ、ポツリと呟いたのだった。
「みんな仕事があれば、真っ昼間から往来をウロつくこともないのだけど…」
　なるほど。
　いや、それでも職が少ない現実に心を病み自室へ引きこもってしまうよりは、外で友達と語らう方がまだ良いのでは…？　という意見が喉元まで出たが、心痛なガイドの表情を前に、そのまま胃の腑へと飲み込んだ。アルジェの活気あふれる街並みの裏には、人々が自力では消化しきれない苦悩が潜んでいる。

ヴィラ・アブド・エル・ティフ（上・右下）とアルジェの街並み（左下）

《ミッションⅡ》低学年の子ども向け漫画ワークショップ

　10月6日はイスラム教の休日である金曜日だけあって、昼過ぎあたりから親子連れで賑わった。この日は15時からFIBDA会場内のテントにて、小さな子どもたち向けの漫画ワークショップを行う日だ。

　少し早めにテントへ入り、ワークの準備に取り掛かる。その様子を興味津々な様子で眺めていた8つくらいの男の子に手招きをすると、母親の手を引きながら恥ずかしそうに席へ着いた。それを皮切りに、席はすぐに子どもたちで埋まる。彼らの母親たちも後方からスマホを構え、準備万端だ。

　小さな子ども向けの漫画入門ワークの場合、絵のデッサン方法をガッツリ教えるというよりも、子どもたちにキャラクターのセリフを考えてもらったり、漫画の題材について周囲とディスカッションをしてもらったりと、想像力を膨らませるトレーニングを行うのが望ましい。

　私は、子どもたちに日本から用意してきたプリントを配布した。それは、子どもたちに漫画のセリフの一部を埋めてもらうタイプの教材だった。

　問題の内容はこうだ。

> Q. 誕生日を迎えた男の子が、友達からプレゼントを受け取る。一人目の友達からはリボンがかけられた箱を。2人目の友達からは花束を。そして…3人目の友達は、何と犬だ。
> 犬は、プレゼントとして男の子に骨を手渡す。骨を渡された男の子は、いったい何と言ったでしょう？

　今この本を手に取って下さっているみなさんも、ぜひ一緒に考えてみていただきたい。

　漫画の説明を終えるとほぼ同時に、子どもたちは悩むことなくサラサラ

と鉛筆を走らせる。背後の保護者たちが「もう閃いたの？」と彼らの顔を覗き込むが、作業に熱中する子どもたちの表情はみな自信に満ちていた。

　私はマイクを手にし、彼らの回答を一人ひとり聞いてまわる。回答はじつに多様性に富んでおり、

> A①「この骨はきっと、幻の恐竜の骨なんだ。男の子は恐竜が好きで、この恐竜の骨をずっと探していたから〈嬉しい！　やっと欲しかった骨が手に入った！〉って言っていると思う」

> A②「男の子が貰ったのは骨じゃなくて、犬の言葉を翻訳してくれる機械なんだ。ほら、『名探偵コナン』も声を変える蝶ネクタイを持っているじゃない？　だから男の子は犬の友達に〈これがあればいつでも君とおしゃべりができるね！〉って伝えて喜んでいるんだよ」

> A③「たとえ貰ったのがただの骨でも、友達からのプレゼントは何でも嬉しいじゃない？　だから男の子は〈君の大切な宝物をくれてありがとう。大切にするね〉って感謝しているのさ。それが真の友情じゃないかな？」

などなど。

　みな小さいながらも、しっかりと自分の意見を述べる。

　これは私個人の考えだが、物語を即席で組み立てられる子どもは、幼い頃から両親や家族と良く会話し、物語の読み聞かせが日常的に行われる家庭で育ったケースが多いのではないかと思う。物語を構成する能力をつけるには、いろいろな物語をシャワーのように聞くことが大切だ。その結果、起承転結のリズムを自然と覚えたり、物語に感情移入し、主人公の怒りや悲しみなどの感情を追体験することで、「もし自分が主人公だったら、他の

第2章　アフリカ大陸最大の漫画フェスティバル「FIBDA」

漫画ワークショップで子どもたちと考えた問題

ルートを選択しただろう」と、話をアレンジする喜びを覚える。さらに彼らには、ベルベル人の古い物語や侵略者たちから国を守る際に得た教訓など、魅力的な物語作りに必要な基盤までもが家族から口伝として受け継がれている。

　この国には今後も、優秀なストーリーテラーが多く育つことだろう。書き上げたばかりの自分の作品を、誇らしげに大人たちへ見せて回る子どもたちを見て、私はそう確信したのであった。

　その日の夜は、在アルジェリア日本大使館から大使公邸での夕食会へ招かれた。会食の席に着いたのは、FIBDAの日本人ゲストである片淵須直監督と青柳先生と私。そして我々の正面には、河野章・駐アルジェリア日本国特命全権大使がにこやかに席に着いた。まるでお城のようなすばらしい大使公邸と、まさかアルジェリアの地でお目にかかれるとは思っていなかった、志村健治公邸料理人による繊細な日本料理、さらには片淵監督ご本人より映画の制作秘話まで伺えて、まさに五感が満たされる至福のひとときを過ごすことができた。

　会食の席の会話が、一昨日に訪れた芸術学校の話題に差し掛かると、私の脳裏に「ヒラク」の女生徒の姿が鮮明に蘇る。あの時、あの教室で、彼女の気持ちを汲めなかった自分の不甲斐なさが私の胸で再燃し、彼女の勇気に報いるために私ができることは何かと思案した結果、青柳先生と共に、日本大使館主催の漫画コンクールを企画して欲しい旨を河野大使にお伝えした。

　表現に制限がある中でも、大使館主催のコンクールとなれば多少、自由が利くのではないか。そのような自由な漫画の発表の場がひとつでも多く増えれば、芸術学校の生徒たちも喜んでくれるのではないかと考えたのだ。我々の願いを大使が聞き届けくれたのか、はたまた元より大使館の中でそのような計画があったのかは不明であるが、日本大使館主催漫画コンクー

ルは2024年からFIBDAに合わせて実施されることになった。光栄にも青柳先生と私は審査員としての役目を仰せつかる。このすばらしい企画を実行して下さった、在アルジェリア日本大使館と河野大使には、この場を借りて深く御礼申し上げたい。そしてこのコンクールがアルジェリアの若い漫画家の登竜門として長く継続されることを期待したい。

《ミッションⅢ》「YOKAI」についてのカンファレンス

　10月7日。午前11時よりFIBDA会場内のテントにて「YOKAI」についてのカンファレンスが始まる。私にとってはFIBDAで最後のミッションだ。会場には前日の子ども用ワークショップの時とは違い、大人の観客がほとんどを占めた。

　この日のカンファレンスには急遽、カナダ人漫画家のフレデリック・アントワーヌ氏も加勢してくれた。フレデリック氏もFIBDAのゲストとしてご自身の担当されるワークがありながらも、「YOKAI」のタイトルを見て飛んできてくれた。フレデリック氏はオリジナル漫画制作の他にも、日本漫画の翻訳を手掛けている。彼は日本の文化…特に妖怪についての研究を行う、妖怪のスペシャリストだ。

　壇上には私とフレデリック氏、そして今回も通訳を引き受けて下さった青柳先生の3名が並ぶ。私はまず手始めにと、妖怪の中でもポピュラーな「鬼」についての解説を始めた。「鬼」に関連したアニメは多く、最近では『鬼滅の刃』がまさにそれだ。会場からも「デーモンスレイヤー（『鬼滅の刃』の英語名）！」とささやき声が聞こえてくる。『鬼滅の刃』はアルジェリアでも大人気であったようだ。私は静かに盛り上がる観客たちに、次のように問いかけた。

「みなさんご存じの「鬼」ですが、なぜ彼らが牛の角と虎のパンツを履いているか分かりますか？」

前列の椅子に座っていた紳士が、あごに手を当てる。
　私は、鬼のイラストの画像と干支が記された方位盤を、プロジェクターでスクリーンに投影しながら、鬼門と呼ばれる「丑寅の方角」についての説明をし、その方位に記された丑と寅が鬼の容姿のひな型として定着した旨を伝えると、会場から感嘆の声が上がった。

　続いて、「付喪神」の解説に入る。
「付喪神」とは、草履や茶わんといった日常生活に欠かせない道具たちが使い古された結果、霊魂が宿り、「妖怪」として変化（へんげ）した状態を指す。有名な室町時代の「百鬼夜行絵巻」にも、草履と傘の「付喪神」の姿が確認できる。
　解説を続けよう。日本には古来より、すべての物（もの）に神が宿るという「八百万の神々」の思想があったことから、「付喪神」の誕生の経緯も何となく推察できる。さらに昔の日本人は、子どもたちに「物を粗末に扱うと罰が当たりますよ」という道徳を伝える手段として、「付喪神」の存在を利用したことだろう。
　このように、妖怪は時に、道徳や注意喚起を世間に広く伝搬するために使われる。恐怖心とは話の印象を強め、伝達の速度や正確性を格段に上げる「スパイス」となりうるのだ。

　恐怖のスパイスが、近年において発動した例を挙げてみよう。
　昭和の時代、妖怪たちが世間のニュースを賑わせながら、子どもたちの間で話題となり、猛威を振るう出来事が起きた。それが「学校の怪談ブーム」だ。
　1979年の春から噂の流布が始まったとされる「口裂け女」や、小学校のトイレを恐怖に陥れた「トイレの花子さん」などなど。それぞれの怪談には、妖怪たちと出会うための「作法」や、それらから逃げる際の決めら

たルールが存在する。「口裂け女」に出会った際には、彼女に対して必ず「きれい」と言うこと。そして彼女の好物である「べっこう飴」を手渡したり「ポマード」と３回唱えれば、彼女から逃れることができる。そして「花子さん」を呼び出すには、学校のトイレの３番目を３回ノックし「花子さん、遊びましょう」と話しかける。

これらの独特なルールは、地域によって多少の違いはあるものの、大まかなあらすじは全国共通だ。ここで注目して欲しいのは、これらの噂が広まった時代には、今のようにネット環境が整っていなかった点だ。

草履と傘の「付喪神」
室町時代の「百鬼夜行絵巻」部分から。真珠庵蔵。
『日本の妖怪 別冊太陽 日本のこころ 57』（平凡社、1987）。

ネットのない時代、「学校の怪談」が小学生の拙い伝言ゲームの中でも正確かつ迅速に広まった理由は、子どもたちが噂の怪異を「実際に我が身にも起こり得ること」と捉え、我が身を守る危機管理として積極的に情報を収集したからだろう。

会場からは、
「日本の小学生たちが妖怪の伝言ゲームを楽しんでいたのはおもしろい」
「妖怪は子どもたちに危機管理を教える教師のようだ」
との感想が挙がった。

その後、情報溢れるネット社会が到来し、子どもたちが闇夜や唐傘のオバケに恐怖を感じなくなると、妖怪たちはマスコット・キャラクターとし

ての活躍を始める。

　近年の日本では、妖怪は「学校の怪談世代」の親たちが子どもと一緒に楽しめるコンテンツとなり、アニメが制作されると妖怪に対する世間の印象も、「恐怖」から「かわいい・親しみやすい」へと変化していった。

　コロナ禍では、疫病を退散させる妖怪「アマビエ」に注目が集まり、ぬいぐるみやキーホルダーなどのアマビエ・グッズが大量にお目見えしたことは記憶に新しい。

　ここでフレデリック氏が、京都で自身が体験した「怪異」について語る。「ぼくは日本に滞在する時、京都にいることが多いけど、竹やぶや暗い小径を歩いていると、背後に何かの気配を感じる時があるんだ。あれはきっと妖怪に違いないよ。今の時代、彼らが人間に悪さをすることはもうないけど、どこかで確実に人間を見ている。京都のお土産屋さんでは妖怪のマスコットがたくさん売られているけど、本物の妖怪たちはどう思っているだろうね？」

　こうして、伝説の妖怪「鬼」の話から始まり、「付喪神」の特性と、「学校の怪談ブーム」からの爆発的な妖怪アニメブームに繋がる解説は、大盛況のうちに幕を閉じた。

　最後に付け加えると、私は決して妖怪の専門家ではない。しかし私の母校である富士宮市立富士根南小学校の木造校舎がかつて、『学校の怪談』という映画の撮影に使用されたこともあり、私の妖怪や怪談への思い入れは強い方だと思う。小学生当時、薄暗い木造校舎で友達と会談を熱心に語り合った思い出が、こうして遠いアルジェリアの地で役に立つとは、私としても嬉しい経験となった。

　今回のカンファレンスでは、日本の妖怪事情を中心に紹介させてもらったが、もしまたどこかで妖怪に関する発表に携わることがあれば、今度は

海外の「異形の者たち」も合わせて紹介してみたいと思う。

　今後、私たち日本人がまだ知らない、海外の田舎に埋もれていたローカルな魔物やゴーストが「発掘」され、漫画やアニメの中で日本の妖怪たちとコラボする日を想像するだけで、楽しみでならない。

　FIBDA 最終日、10月8日。
　この日は最終日とあって、恐らく開催期間最多の観客たちが集まった。
　13時からは青柳先生による「Littérature et BD, les cas des Mangas japonais et des œuvres ontemporaines algériennes」（文学と漫画の事例　日本のマンガと現代アルジェリアの作品）についてのカンファレンスが行われ、多くのファンや取材陣が会場テントへと押し寄せた。
　カンファレンスの終了後、今度はコスプレ大会の表彰式が始まり、華やかなコスプレイヤーたちへ来場者から拍手喝采が送られる。アルジェリアのコスプレレベルはなかなか高い。コスプレイヤーが自作で作り上げた甲冑や剣には、ライトが仕込まれていて発光するものまであり、壇上でパフォーマンスを披露しながら、衣装を制作した際に苦労したポイントなどが語られたのが印象的だった。

青柳悦子先生（左）と、「Z-Link」のサリム・ブラヒミ氏（右）

こうして、会場の熱気が冷めやらぬまま、第15回 FIBDA は閉幕を迎えたのであった。

　今や世界中で漫画アニメ関連のイベントが開催され、日本からもアーティストたちが参加する中、中東・アラブでのイベントとなると、参加をためらう日本人が多いのではないかと思う。その理由は、日本の報道ではイスラム教に対するマイナスなイメージの報道が多いせいか、イスラム教と聞くとテロリストを連想してしまう人が少なくないからだ。確かに、中東・アラブ諸国では紛争の火種が絶えないイメージはあるが、そこに住む人々は誰一人、争いを望んではいない。
　FIBDA 開催中の10月7日、2023年パレスチナ・イスラエル戦争が勃発した。その第1報が流れた時、私を含めた FIBDA 参加中の各国ゲストたちはホテルの食堂で食事をしていた。みな食事の手を止め TV の画面を食い入るように凝視し、怒りと悲しみが入り混じった空気がその場に立ち込めた。
　私はその前日に、アルジェリアの漫画家であるサミール・トゥギ氏から、パレスチナの平和を訴える複数の漫画家たちによる共著を頂戴し、パレスチナに対する想いを伺ったところだったので、かの地をめぐる争いに、アラブの人々が長年心を痛めていることを知っていた。中東・アラブは紛争の火種が多い地域だからこそ、みな平和に対しての渇望が強いのだ。
　このように、海外へ出かけその地に住む方々と交流してこそ、初めて現地の真実の姿を肌感覚で理解できる。日本において今後、中東・アラブ諸国への理解が進み、FIBDA へ参加するアーティストが増えることを祈り、第15回 FIBDA のレポートを終えたい。

第2章　アフリカ大陸最大の漫画フェスティバル「FIBDA」

アルジェリアの漫画家サミール・トゥギ氏による、
パレスチナの平和をアピールするイラスト。

氏の自画像であるキャラクターの首には、パレスチナ伝統のスカーフ「ケフィエ」が巻かれ、
床にはパレスチナの国旗の色（赤・緑・黒）を表すスイカのイラストが描かれている。

アラブ諸国の漫画家たち

　一昔前までは、日本の漫画家が描いた絵と、海外の漫画家が描いた絵とでは明確な違いがあった。それらの違いは、絵を一目見るだけで明白に感じ取ることができた。キャラクターを描く際の独特なペンタッチや、ハードな陰影のつけ方、ポップな色使いなどは、日本の漫画とは全く違う特徴だったからだ。

　現在は、日本の漫画の画風をお手本にする作家が増えたからか、海外の作品でも日本の漫画とほとんど見分けがつかない画風のものが多くなった。そんな海外の作家の中でも、アラブ諸国で活躍する漫画家たちから、本書のために日本へ向けたメッセージを頂戴することができた。ぜひ、彼らの声に耳を傾け、その見事な作画の一端をご堪能いただきたい。

第2章　アフリカ大陸最大の漫画フェスティバル「FIBDA」

AIDAOUI Mohamed Tahar

アイダウイ・モハメド・タハール
PN：Natsu(ナツ)
代表作：DEGGA

DZマンガは、始まってから10年以上経っているにもかかわらず、ここでは
まだゆっくりと成長していると思います。アルジェリアの多くの人々(最終的
には読者)はまだその存在すら知りません。それらを読むことに慣れていて、
著者を奨励するファンはほんのわずかです。しかし私の意見では、より大きく
成長するために、DZマンガは国内のより多くの読者に届く必要があり、その
ためには、全国でより多くの漫画イベント、オンライン読書プラットフォーム、
そしてより多くの出版社がその過程で力を発揮するでしょう。ストーリーの
技術に関しては、作者が経験を積むにつれて脚本は良くなってきており、作画は
更に向上しています。(私の作品のささやかな作画のことは話してないよ(笑))
DZの漫画家の中にはグラフィックに関しては非常に才能のある人もいます。
それが他のすべてのアーティストにとって、レベルを維持/到達して向上
しようとする動機となり、全体的な作品の質を向上させる力となっています。
《日本へのメッセージ》
愛と敬意を込めて、いつも多くの点で、特に漫画の創作、創造性、独創性に
おいて、とても刺激を与えてくれてありがとう。
日本の漫画のお陰で、すべての漫画家志望者はより一生懸命に取り組むように
なり、すべての読者はより高い夢を抱くようになります。

Samir Toudji

サミール・トゥジ
PN:Samir Togui
（サミール・トゥギ）

私が幼い頃、テレビで「ジャパニメ」にどっぷり浸かっていました。私のお気に入りのアニメは、三四郎、グレンダイザー、鉄人、アストロガンガー、キャプテン翼、ドラゴンボール、北斗の拳、シティーハンター、聖闘士星矢...でも、思春期になってスキャン画像が発見されるまで、漫画版にはあまり触れる機会がありませんでした。それ以来定期的に漫画を読んでいます。私たちの世代のアルジェリアの漫画は、日本の漫画に大きく影響を受けていると思います。私たちは漫画という名に値する訓練は受けていないので、日本の漫画を読んで漫画の描き方を学びました。

第2章　アフリカ大陸最大の漫画フェスティバル「FIBDA」

アミナ・ブルカブール
代表作：Lost Land

アルジェリアの漫画家として、私はアルジェリアの仲間の
アーティストが漫画を通じて自分たちの物語を巧みに語り、
文化的視点を共有していることに感銘を受けています。
アルジェリアの漫画の出版数は毎年増加しており、スポーツ、
歴史、日常生活、アクション、冒険など、さまざまなジャンルが
充実しています。漫画家としての私の究極の目標は、私自身が
日本の漫画に深く感動したのと同じように、読者と深いレベル
でつながることです。私の物語が本物の感情を呼び起こし、
さまざまな観客の共感を呼び、永続的な影響を与えることを
望んでいます。私にとって漫画は単なる芸術的表現の形式では
なく、私の考えや感情を伝える強力なツールです。日本への
私のメッセージは、彼らの永続的な影響に対する深い感謝と
賞賛です。アルジェリアの漫画が日本の読者にも届き、私たち
の物語を共有することで大陸をつなぎ、国境を越えた有意義な
つながりを築くことができることを願っています。

Sid-Ali Oudjiane

シド・アリ・ウジアン
代表作：victory road, sinus zéro, fennec boy

正しいか間違っているかは別として、私はアルジェリアでは漫画は依然としてニッチな情熱であると確信しています。
近年、漫画への入り口となるアニメ放送チャンネルの多様性のおかげで、このニッチな情熱はおそらく重要性を増していますが、それでもまだ、より幅広い視聴者を遠ざけているようです。この見解は少し悲しいかもしれませんが、これは私が漫画を描いた理由の一部でもあると自分に言い聞かせています。
私の情熱を人々と共有するために、私はまた、漫画が恐らくこの世界を発見したいと思わせることができるかもしれないと自分に言い聞かせています。私は最初から絵を描いており、これからも描き続けると思いますが、私はちっぽけな漫画家で、私の声はあまり伝わりません。しかし、私たちの声とより多くのプロジェクトを組み合わせることで、私たちの国で他の人々に漫画を知らせることに貢献することができます。私たちに夢を与えてくれてありがとう。

NAAS-ARABA Atif-Imadeddine

ナース・アラバ・アティフ・イマデディン
PN:Dr.Nattif（ドクター・ナッティフ）
代表作：Lézard（Lizard）

現在、アルジェリアの若者はますますマンガや日本の
アニメに魅了されています。
Dz Mangaは、数十年停滞した後、近年目覚ましい盛り
上がりを見せています。
新進気鋭の若者たちの間で大きな希望が生まれています！
私たちは日本にメッセージを送りたいです。
あなた方は、冷静さと知恵に関して私たちの
インスピレーションです。

Fella Matougui

フェラ・マトゥギ

Rasha Abu Al-Maati

ラシャ・アブ・アル・マーティ
PN:おしゃちゃん
代表作：Strangers

私は、マンスーラ大学文学部英語文学科を卒業後すぐに、翻訳の仕事でプロとしてのキャリアをスタートしました。しかし、アーティストになるという子供の頃の夢をかなえると決意したとき、私の人生は変わりました。
私は再び大学に戻り、ヘルワン大学美術学部に入学しました。情熱、才能、忍耐力を武器に、新しい芸術形式を生み出すためにたゆまぬ努力を始めました。
2Dアニメーター、グラフィック デザイナー、デジタル アーティストとしての仕事の過程で、私は若者の心を捉えた多くのデジタルコミックを作成しました。自分のプラットフォームの人気が高まるにつれ、日本の漫画の芸術とストーリーテリングの力を利用して、いくつかの社会問題についての問題提起をしています。私が現在取り組んでいるプロジェクトの1つは、カイロ国際ブックフェアで発表した「Strangers」という漫画です。

Madeleine Issa

マデリン・イッサ
代表作：The Legend of De Leith
　　　（デ・リースの伝説）

　この漫画は、前世紀60年代のシリアの田舎にある2つの村の物語です。
住民たちは、自分たちの生活様式や日常生活に影響を与える多くの伝説を
信じています。
デ・リースの伝説とは、最も重要で最も危険な伝説なのです…。
この伝説は、若い女の子の血だけを吸う目に見えない生き物について
語られています。
この呪いから女の子を守るために、いわゆる名士たちは2つの村を囲む
"ブルー・ライン"の結界を張りました。村の女の子たちは、このラインを
越えないようにしたのです…。この状況は何百年もの間保たれましたが、
ある日この伝説を否定し、ブルー・ラインを越えることを決心した女の子
が現れて…。
【日本へのメッセージ】
日本は、私がずっと訪れたいと思っていた国です。私は自分の国シリアを
愛しているのと同じように、日本を愛しています。
シリアは私に命を与え、日本は私の命に色彩を与えてくれました。

第 **3** 章
エジプト漫画プロジェクト

「越境漫画家」小泉清美ができるまで

　第3章では、私が海外向けの漫画を制作するに至ったきっかけや、「越境3.0オンラインサロン」での活動について語ってみたい。
　私が海外での漫画出版に興味を持ち始めたのは、今からおよそ20年前、2000年代始め、私が21歳の頃だった。その冬、私は某出版社が主宰する漫画コンクールにて、佳作と審査員特別賞をダブル受賞するという名誉に預かり、ひとり浮き足立っていた。
　これは一般にはあまり知られていないが、漫画賞を受賞したとしてもすぐに雑誌連載が始まるわけではない。受賞の余韻にしばらく浸った後は、担当編集者の指導のもと「連載に適した漫画」を描く特訓が始まる。まずは短編漫画を仕上げ、担当編集者に連載へ向けての指示をいただこうと、受賞作へのアドバイスを元に新たな作品を描き始めたのだが、どうもうまくペンが進まない。人気漫画誌での連載に向けてのプレッシャーもあったが、じつは漫画賞受賞のおよそ半年前に、父親が他界したばかりであった。
　我が家の当時の家族構成は、父と母、祖母と私。母は私が中学2年生の頃に脳梗塞を患い、右半身に麻痺が残った。生活のすべての動作に介助が必要となり、初めての要介護認定でおりた「要介護4」という結果は、その後もずっと変わることはなかった。私が中学2年生から始まった母の在宅介護は、2024年7月に母が介護老人保健施設へ入所するまで、およそ28年間続くことになる。
　そして、一年前から同居を始めた祖母は正確には祖父の妹だった。身寄りがなく、一人暮らしをしていた彼女を不憫に思ったのか、父は養子縁組という形で自分の親として家族に迎えた。しかし、一人暮らしが長かった祖母は急激な環境の変化について行けず、父が他界した頃には認知症の症

状が目立ち始めていた。こうして、私は21歳にして家族の大黒柱となった訳だが、「就職氷河期」のあおりを受け収入は常に不安定だった。更に当時は、ライフスタイルに応じた労働時間が選択できる職場が少なく、「家族の介護があるので」といくら説明したところで、取り合ってくれる企業はなかった。

　当時の私は、2人の介護の合間に短時間のバイトをし、2人が寝静まった後の数時間のみを漫画の作業に充てる生活を送っていた。そんな環境もあり、前向きな気持ちで作業に取り組める精神状態ではなかったし、物理的な時間でも、週刊・月刊の漫画連載の締め切りに間に合うペースで原稿を仕上げることは不可能だった。焦れば焦るほど、ペンを持つ手が重く感じられた。

　結局、担当編集者からはいつしか返信が途絶え、私はせっかくのデビューのチャンスを逃してしまう。しばらくの間、何も描けなくなるくらいの脱力感に苛まれたが、ある日ふと、「締め切りに追われず漫画を描く方法はないものだろうか？」と思い立った。

　ここで漫画を辞める気にはなれなかった。私の創作活動を、これまで大勢の人が応援してくれたのだから。

　中学の頃、母の介護が始まり家の資金繰りが苦しくなった時、新しい絵の具のセットを買えなかった私のために、クラスの男の子が学校中を駆け巡って、余った絵の具を袋いっぱい集めてくれた。当時の担任にもおおいに助けられた。父までも持病が悪化し入院してしまった際には、給食の余りを私にこっそり持たせ、その都度、私の漫画の進捗具合を気にしてくれたものだ。その他にも、母の主治医やご近所さんなど、多くの方々の温かい励ましに支えられながら漫画を描き続けてきた思い出が、私の中に息づいていた。

今回デビューが叶わなかったのなら、別の方法を試せばいい。
　私の漫画への意欲は、こんなことでは潰えなかった。

　翌日から「締め切りのない漫画」の情報探しが始まった。数週間ネットや図書館の本を漁り、ついに「海外では締め切りにうるさくないらしい」という情報を掴む。「海外の締め切り」について少し解説すると、海外にはそもそも定期的に発刊される漫画の連載雑誌がほとんど存在しない。すなわち原稿の明確な入稿日が決められておらず、作家は自分のペースで作品を制作し、そのまま書籍として発売するケースが多いのだ。
　——海外で漫画を描こう。もちろん移住するのは無理だから、まずは自宅から海外の出版社へコンタクトを取ってみよう！——海外など、当時の私からしてみれば未知の世界だ。英語力もほとんどなく、日常英会話すら怪しいほどだった。しかし静岡の田舎にある自宅から、どれだけ遠い海外へと繋がることができるのだろう？　と考えただけで、無性にワクワクしたのを覚えている。

　思い立ったが吉日とばかりに、私は早速、未知の世界へのコンタクトを開始した。晴ればれしい気持ちで海外の出版社をネット検索し始めた私だったが、入力するワードが悪いのか、欲しい情報がなかなかヒットしない。なんとか日本貿易振興会（ジェトロ）のHPへたどり着いた私は、漫画を発行している海外の出版社の連絡先を調べてもらうことにした。
　数日後、海外出版社の連絡先が記されたFAXが長々と送信されてきたので、今度はその情報を頼りに、メールと手紙を送りまくる地道な作業に入る。手紙という手段を加えたのは、少しでも相手側に印象を残したかったからだ。メールだと、ろくに目を通されないまま削除されてしまうだろうが、手紙なら「何だろう？」と封を開けてくれる人がいるかもしれない…そんな浅はかな考えからの選択だったのだが、和英辞典を片手に、私な

りに必死の思いで手紙を書いたのを覚えている。ジェトロのFAXに記された出版社すべてに手紙を送った後、次にターゲットとしたのは海外にある「日本人会」だ。

　日本人会は、海外で暮らす日本人が所属する交流会であり、昔の旅行ガイドブックには、各国の主たる日本人会の連絡先が記載されていたものだ。日本人会とひとくくりに言っても、「県人会」や「スポーツ愛好会」など形態は多岐に渡るが、手紙を出せば何らかの情報を共有してくれる方がいるかもしれないと、こちらも一縷の望みに期待しながら実行した。こうして数カ月のうちに、トータル30通を超えるメールと、50通を超える手紙を各国へ送ったのだが、一向に返事が来ない日々が続く。

　唯一お返事を下さったのは、ジェトロ・ジュネーブのW様だった。ていねいな手紙には、ジュネーブとチューリッヒにある出版社の情報と、毎年スイスで開催されているアニメイベントについての情報が記載されていた。待てど暮らせど海外からの返信が届かない中、このたった1通の手紙が私の希望を繋いでくれた。この手紙が届いたお陰で、私はこの時、諦めずに前へ進めたのだと思う。しかし、せっかく情報をいただいたスイスの出版社も、問い合わせのメールを送ってもなんの音沙汰もなく、私はまた途方に暮れる。

　そこでようやく私の脳裏に、海外の出版社から連絡が来ないのは、何らかの「決まりごと」がある故の結果なのではないだろうか？　という考えが浮かんできた。私はそこから、調べる対象を出版社の連絡先から、海外の出版ルールへと切り替える。すると思った通り、私への返信を阻む、海外の出版業界の「決まりごと」が存在したのであった。

　それは「つなぎ役」に関するルールだった。

「つなぎ役」とは、「出版エージェント」と呼ばれる職業の方々を指す。自

分の作品を他国で出版したい作家は必ず、出版エージェントの彼らにその旨を依頼し、他国の出版社からの出版への橋渡しをしてもらう、それが海外出版のマナーだったのだ。出版エージェントは、作家の作品を出版社へ売り込み、契約を結ぶだけではなく、創作のモチベーションを保つため作家の相談に乗るケースもあるらしい。つまり、私が**海外での漫画出版を希望する場合、まず初めに行うべきアクションは、出版エージェント探しだった**のである。

　ここまで読んでいただいて、要領の悪い作業の進め方に苦笑されている方もいるだろう。ネットで検索するならば、SNSを駆使して情報を集めればいいじゃないかと思われるかもしれないが、思い出して欲しい。これは20年前の、2000年代中頃の出来事なのである。SNSのFacebookと旧Twitter（現X）の日本語版がリリースされたのが2008年、ネットに疎い私が本格的にそれらを使い始めるのは、ここからさらに数年先のことだった。
　そして注釈をもうひとつ。自分の要領の悪さを擁護する訳ではないが、とても効率が良いとは思えない、小さなアクションを繰り返すことで成功を掴んだ人物がいる。アメリカの実業家、**イーロン・マスク**氏だ。19歳でカナダのクイーンズ大学へ入学したマスク氏は弟と共に、**会ってみたい実業家に電話をかけまくってランチに誘う方法**を重ね、ノヴァ・スコシア銀行でインターンをする機会を得たという。マスク氏のこの逸話を思い出す度に、海外の出版社へ手紙を送りまくった私のまどろっこしい挑戦も、案外、正解だったのでは？　と思うのであった。

　閑話休題。数年後、ようやく広島にある出版エージェント会社へとたどり着くことができた私は、そこからまた新たな戦いに挑むことになる。
　広島のエージェント会社が引き合わせてくれたのは、インドの小さな出版社だった。インドからは出版の条件として、あるスポーツを題材とした

漫画を描くよう要求されたのだが、そのスポーツの名前を聞いた私とエージェントは愕然とする。

　スポーツの名は「**クリケット**」。インドでは大人気の国民的な球技であるが、日本ではかなり認知度が低いスポーツだ。
「どうします？　クリケットなんて日本じゃ誰も知りませんよね？　断りますか？」
　エージェントから、半ば辞退を促すようなメールが届く。しかし、みなさんお察しの通り、私の返事はもちろん「描きます」の一択だ。この時も私は事態を甘く見た。これだけ漫画が豊富な日本であれば、誰か一人くらいクリケット漫画を描いているだろう。まずはその漫画を見つけ、作品を読みながらルールを覚えれば、問題なく漫画が描けるだろう…と。だが、その読みは見事に外れる。当時、国内でクリケット漫画を描いた漫画家は、誰一人として存在していなかったのだ。ネットを検索しても、クリケットのルールを記載しているのは英語のサイトばかり。当時のパソコンには自動翻訳機能などなかったため、私はまたもやお手上げ状態に陥った。
　でも、きっと大丈夫。
　これまでも何度も壁にぶち当たったけれど、少し視点を変えれば必ずどこかに抜け道が存在する。私には、正攻法で壁を破る力はないものの、誰もが気づかない「ケモノ道」を嗅ぎ分け見つける能力が備わっている。それは先が見えない険しい道だが、草を掻き分け、諦めずに進んでゆくと、どこかで必ずや「蛇の道を知り尽くした蛇」が現れ、足元を照らしてくれるのだ。
　私の思惑通り、有力な「蛇」はすぐに現れた。日本クリケット協会だ。私は日本クリケット協会の協力のもと、プロの大会を取材させていただいたり、子どもたちを指導する体験教室で、参加者に交じってバットの使い方を教えていただきながら、ゆっくりとクリケットのルールを習得していった。そして**2013年、ついにクリケット漫画『バガヴァット・クリース』**

1巻をインドで出版することができたのだ。

　本が出版されるまでの間、広島のエージェントも根気よくインドと交渉を続けて下さった。相手は、時間にルーズなお国柄のインド企業である。エージェント氏は事あるごとに「今日は相手が、約束したSkypeの時間に2時間も遅れてきた」「今週はインドの祭り期間だから、連絡しても返事が返ってこない」などと、悲鳴にも似たメールで私に近況を知らせて下さったものだ。相手のルーズさに胃を痛め、一晩、入院されたこともあった。そんな、血の滲むようなエージェント氏のご苦労の甲斐もあり、**2018年には同作の第2巻を出版**する。

　私はその後もこの作品を描き続けるつもりでいたが、インドの出版社の代表が交代したことにより、2019年頃からエージェント氏への連絡が途絶えてしまった。ちなみに、都合が悪くなると一方的に連絡が途絶えたり、担当者がなんの前触れもなく蒸発するのは"海外あるある"だ。エージェント氏との話し合いの結果、『バガヴァット・クリース』の制作は一旦「小休止」となったが、今でもインドの漫画愛好家たちからはSNSのXを通じて「続きはまだ出ないの？」とメッセージが届く。

　この『バガヴァット・クリース』という作品、発売当時は読者からの反応が薄かったが、コロナ禍が始まった頃、自宅で過ごすインドの方々に少しでも楽しんでいただこうと、一部をWEBで無料公開し「転載可」とした。その結果、Xを中心に拡散され、漫画を読んだ若者たちが私のアカウントを探し出し、コンタクトを取ってくれるようになったのだ。いつか、彼らの期待に応え、続編を発表できる日がくればいいとは思うが、私は自分の過去作に対してあれこれ修正を加えたくなるタイプの作家なので、続編は過去作と比べかなりテイストが違う作品になるだろう。それもまた、楽しみな未来だ。

　ここまでが、私が海外出版を目指し、インドで漫画を2冊出版するまで

第3章　エジプト漫画プロジェクト

『バガヴァット・クリース（BHAGAVAT CREASE）』2巻より

の経緯になる。今、自分で『バガヴァット・クリース』を読み返すと、絵もストーリー構成も未熟な部分が目に付くが、それでもこの2冊の出版が、私にとって大きな自信となったのは確かだ。

エジプトへの挑戦——約3年におよぶ試行錯誤の軌跡

　インドで『バガヴァット・クリース』2巻が出版されたあと、私は「インド以外の国でも出版してみたい」と、おぼろげながらに思うようになった。

　日常生活においては祖母が他界し、母の介護がさらに大変になった頃で、いよいよ介護の合間に仕事へ出かけるのが厳しくなっていた。母は蜂窩織炎（ほうかしきえん）で右足を切除してから気持ちが塞ぐことが多くなり、デイサービス（介護事業所）への通所も渋る日が増えた。私は母にデイサービスへ通ってもらうため、母の通うデイサービスに職員として採用していただき、毎朝、母を連れて出勤するという荒業に出る。日中はデイサービスで働き、夕方には母を連れて帰宅する生活は、楽しい出来事もたくさんあったが、とにかく体の疲労が半端ない。夜、母を寝かしつけた後は、そのまま机に突っ伏して寝てしまい、漫画に手がつかない日々が続いた。

　だからこそ、自分を律するためにも新たな目標が欲しかった。

　そんな矢先、友人から驚くような情報が届く。その情報は、友人の知り合いの企業が、海外から受けた漫画制作の仕事に関するものだった。しかも、その仕事の依頼主はサウジアラビア政府だという。サウジアラビアのＰＲ用の漫画を制作する作家を決めるコンペを行うため、私もエントリーをしてみないか？　という話だった。私はいつもの通り即刻、エントリーし、コンペを心待ちにしていたが、結局、この企画はサウジアラビア側の都合で流れてしまった。

　サウジアラビアが、私の新たな進路となることはなかったが、その国名は鮮明に脳裏へと刻まれる。サウジアラビアで今、何が起きているのだろ

第3章　エジプト漫画プロジェクト

う？　ネットを検索した私は、サウジアラビアが「サウジビジョン2030」という目標を掲げ、石油に依存しない国作りを計画していることや、ムハンマド・ビン・サルマン皇太子が無類のアニメ好きだという情報を得る。なるほど、今回の漫画コンペも、恐らく「サウジビジョン2030」に関連した動きだったのだろう。

　さらにサウジアラビアに関しての調査を進めてゆくと、私はある奇妙な共通点を発見した。「サウジアラビア」「中東」と検索する度に、必ず検索上位に名前が食い込む日本人がいる。**その日本人は、石田和靖さん**。どうやら中東に関する情報に精通するYouTubeの動画配信者「YouTuber」らしい。カズさんの動画にすっかり魅了された私は、彼が主宰するオンラインサロンへ入会し、彼に中東についての教えを請うことを決めた。

　こうして、2020年11月に、私は「越境3.0オンラインサロン」へ入会。ここからまた、新たな挑戦が始まった。
「越境3.0オンラインサロン」が掲げる活動理念は「C to G」。すなわち、Citizen to Governmentだ。これは、新興国が抱える課題の解決案を、日本人の個人（シチズン）が海外政府（ガバメント）へ提案することで新たな国際関係が構築できるという考えだ。サロン入会当初は、私ごとき平凡な個人が、海外の、しかも政府と関係を築くことなど想像がつかず困惑したのを覚えている。確かに私はこれまで、海外での漫画出版を目標にしてきたが、他国の政府に何かを提案しようなどと考えたことは一度もない。しかし今は、サウジアラビア政府が漫画家の公募を行う時代だ。「C to G」も、遠い夢物語ではないのかもしれない。私はそう思い直し、オンラインサロンにて漫画プロジェクトを立ち上げることを決意する。

　そして2021年2月19日。サロンでは月に数回、カズさんのお知り合いである海外のキーマンをゲストに招いたzoom定例会が開催されるのだが、その日の定例会には、エジプト人のゲストが招かれ、エジプトについての

話題で盛り上がった。エジプトのトピックはじつに豊富だ。ピラミッドから始まり、有名な遺跡を巡るツアーの話題や伝統料理の話題。そして、「アラブの春」以降の政治の動向から、現在のアラブ世界での自国の立ち位置、最近の若者の流行り、などなど。

　そんな、サロンメンバーとのトークを楽しみながら、私は過去に見聞きしたエジプト情報の数々を思い出す。私が初めてエジプトの情報に触れたのは幼稚園の頃で、市立図書館でエジプトをテーマにした絵本を手にした時だった。絵本には古代エジプトの文化や生活様式が鮮やかに描かれ、中でもミイラ作りを説明するページは、若干の恐怖を感じながらも何度も読み返した。小学生の頃には、エジプトの遺跡を発掘するテレビの特番を好んで観たものだ。もしかしたら私がいちばん情報を持っているアラブの国は、エジプトなのではないだろうか？　私が今後、制作する漫画の舞台にエジプトを選択するとしても、恐らくネタが尽きることはないだろう…そう、ネタの宝庫であるエジプトならば、シナリオに窮することはない。それは安易な考えだったが、当時の私の背中を押すには十分な要素だった。私はサロンメンバーの賛同を得て、同日「エジプト漫画プロジェクト」を発足させる。

　エジプトが舞台となる漫画の構想は、すぐに思いついた。まずは主人公。これについては、サロンに入会する前から決めていた。YouTubeでカズさんを初めて拝見した時、「この人を主人公にした漫画が描きたい！」と、強烈なインスピレーションが降りていたからだ。

　主人公は、カズさんにしよう。

　しかし、カズさんが普通にエジプトを訪れるだけの物語では退屈だ。主人公のカズさんには、唯一無二のヒーローになってもらう必要がある。そこで私は、海外で人気のキャラクターである「忍者」を、カズさんと融合させることにする。「忍者カズ」の誕生だ。彼には世を忍ぶ仮の姿として、日中は海外転勤中の冴えないサラリーマンを演じてもらおう。「忍者カズ」

の提案に、当のご本人であるカズさんはとても喜んでくれた。さらに、サロンメンバーの出村氏が「私も描いて！」と名乗りを上げくれたので、まずはこれでキャラクター２名が完成。なかなか好調な滑り出しだ。

　キャラクターの人物設定を考えつつ、次にエジプトの情報収集に入る。情報収集の舞台は、Facebookだ。まずはカズさんにご紹介いただいたエジプト人に友達申請を送る。それを皮切りに、私はひたすらエジプト人の「フレンド」を増やしていく戦法へと打って出た。プロジェクト開始直後、私のFacebookの友達は300名未満だったが、およそ数カ月の間に2000人を超えるエジプト人たちと友達になることに成功する。

　私のプロジェクトに興味を持ってくれた彼らは、日々、メッセージを送ってくれるようになった。メッセージは少ない日でも20通、多い日で50通以上に及び、送られてくる内容は、軽い挨拶から漫画のネタ提供まで多岐に及んだ。私はGoogleの翻訳機能を使いながら、つたないアラビア語で可能な限り返信する。エジプトの友人たちに、日々の出来事や家の周りの風景、学校や家庭での出来事などを尋ねながら、ときおり、こんな問いを投げてみる。

「私、エジプトで本を出版したいのだけど、誰か詳しい人いないかな？」

　そんな私の問いに応え、ある学生の友達は、自分の大学の教師を紹介してくれた。エジプトとドバイを商売のため行き来している友達は、あちらで日本の漫画本が売られていた様子を熱心に伝えてくれた。こうしてSNSを駆使して交流を続け、どこまでエジプトと繋がることができるのか？　それはかつての、自宅にいながら海外と繋がることを夢見て、手紙を何通も書き殴った経験と比較すれば、だいぶハードルの低い「情報リレー」のように感じられた。

　そんなリレーを繰り返すこと約１年、あるzoom会議を通じてエジプト大使館関係者と縁を繋ぐことができた私は、カズさんと共に目黒にある駐日エジプト大使館へ出かけ、アイマン・アリ・カーメルエジプト大使（当時）

と面会する機会を得た。ここでようやく、プロジェクトは中間地点へと差し掛かる。SNSを使えば、どんな人物にも会える可能性を掴めるし、たとえ私が一般人でも、気兼ねなく会ってくれる要人も存在する。大使との面会は、カズさんの提唱した「C to G」がようやく実感として腑に落ちる体験となったが、それでもまだ、私の漫画を出版してくれそうなエジプトの出版社は一向に見つからない。その頃には、数件の出版社とコンタクトを取ることに成功していたが、みな「日本の漫画出版は前例がないから…」と口を濁した。

みなが口を濁したのには訳がある。エジプトが「アラブの春」に揺れた時、地方の小さなモスクにて、革命を扇動する冊子が配布されていたことから、外国の書籍――特に若者に絶大な影響力を持つ漫画の出版に二の足を踏む出版社が少なくなかったのだ。ちなみに「アラブの春」から10年以上経つ2024年の現在でも、エジプトでは新刊書の発行時には政府による検閲が行われている。

エジプトの検閲の件は、プロジェクト発足当初から耳に入っていたので、漫画を描く上では些細な表現方法にもかなり気を配った。

なお、これは各国政府と表現にまつわる関係者に知ってもらいたいのだが、日本の漫画ほど政府批判の媒体として不向きなものはない。確かに、フランス語圏の漫画「バンド・デシネ」は、政治や移民問題など深いテーマに焦点を当て、時には政権や政治家に対し辛辣な批判を繰り広げる作品も存在するが、それとは対照的に、万人が楽しめるようエンターテインメントに特化しているのが日本の漫画なのだと思う。もちろん、日本の漫画にも作家の主張は含まれているが、特定の人物や団体を批判する作品はほぼ存在しないだろう。

日本の近代漫画史において、この思想の基礎を築いたのは間違いなく手塚治虫先生だ。手塚先生は漫画を描く上で、次の3つの要素を描写から排除する重要性を説き、自ら実践された。

□　戦争や災害の犠牲者をからかうようなこと。
　　□　特定の職業を見くだすようなこと。
　　□　民族や、国民、そして大衆をばかにするようなこと。

　これは「手塚３原則」と呼ばれ、後世の漫画家に多大な影響を及ぼす。もちろん若い漫画家の中にはこの原則を知らない人もいるだろうが、現在の日本においてもこれら３原則のタブーが「描いても読者ウケしない要素」であることは感覚的に察しているだろう。私自身がアラブ・中東で漫画を描く際にも「手塚３原則」が重要であると考えている。

　じつは2023年にパレスチナ・ガザ地区でイスラム組織ハマスとイスラエルの激しい戦争が始まった頃から、「あなたもイスラエルがいかに残酷で非人道的であるかを訴える漫画を描かないか？」というお誘いが多いのだが、私としては、凄惨な戦火を生き延びた子どもたちが、辛い日々のトラウマを呼び起こすような作品は残したくない。家族や大切な人を失い、心が打ちひしがれた子どもたちが「この世に生き残って、こんなに楽しい本に出会えて良かった」と少しでも感じてくれるような、そんな楽しい作品を世に送り出したいと切に思う。

　そのような経緯で、エジプトの出版社選びには苦労を強いられたが、カズさんが主人公の漫画の制作は順調に進んでいた。2023年夏には第３話（約100ページ）分のアラビア語翻訳を終え、同年10月に参加したFIBDAでは、アラビア語原稿のコピーを一部、会場に展示していただいた。
　そして翌年の2024年初頭に、事態は急展開する。
　SNSを通じて知り合った友人の須藤真希さんが、出版社とコンタクトを取って下さったのだ。真希さんは日本メソッドの保育園設立を目指し、エジプトでパワフルに活動されている。近年のエジプトではインフレが続

き、エジプトポンドの価値が常に不安定だ。そんな中、作家個人が現状の通貨価値を正確に把握し、本を出版する際の費用や収益について出版社と交渉を行うのは困難を伴うことだった。その難しい交渉を請け負ってくれたのが真希さんだった。

　2024年2月4日。その日、エジプトの首都カイロではブックフェアが開催されていた。年に数回開かれるエジプトのブックフェアには、毎回多くの出版社が参加するが、真希さんが事前にコンタクトを取ってくれた出版社もこの日、ブックフェア会場にてブースを構えていた。彼女はその出版社のブースを直に訪れ、日本と現場をビデオ通話で繋ぎ、私も交えて出版交渉をしようと提案してくれたのだ。
　そして約束の時間。ビデオ通話に対応してくれたのは、ハピ出版CEOのモハンマド氏。挨拶もそこそこに、真希さんの通訳のもと「希望する書籍の形状」についての会話が始まる。モハンマド氏に「どんな感じの本がいい？」と問われ、私は咄嗟に手元にあったアメリカンコミックをスマホの画面に掲げ、「これ！」と指さした。アメコミはサイズがＡ４ほどで、中綴じ製本による50ページ前後の薄い作りなのが一般的だ。日本の単行本と比べるとかなり大判だが、店頭に並んだ際のインパクトを考えて、私はこのサイズを希望した。
　ムハンマド氏から「OK」と、軽快な答えが返ってくる。続いて、発行部数についての話に入る。当然ながらエジプトでは、日本の漫画のように数万～数10万部も本が発行されることはない。インドでの出版時もそうだったが、せいぜい500～1000部が妥当だろうか。私は1000部！　と即答したかったが、この部分はよく注意して決める必要がある。なぜならばエジプトの場合、出版費用を著者が負担するのが通常なのだ。これは日本で言うところの自費出版に近いが、負担する比率によって宣伝のオプションや売り上げの取り分が変化するイメージだ。1000部となると、そこそこの

第3章　エジプト漫画プロジェクト

はじめまして プロジェクトマキア代表のすとうまきです

エジプトに日本メソッドの保育園設立を目指して都内の保育園を退職し五月から単身エジプトに渡り、活動を始めています。折り紙ワークショップやエジプトの雇用支援、かわいいエジプト雑貨紹介などを通じて活動を広めて行こうとしています。みなさんにこの活動を知っていただき応援してもらえたら嬉しいです

PROJECT MAKIA

エジプトに日本メソッドの保育園を目指して活動しています

保育園設立への想いや活動に共感していただけたら、ぜひインスタフォローお願いします！

お問い合わせは
インスタグラムDMで
お気軽に

makimakimaki513@gmail.com
+20 128 522 8668

須藤真希さんのエジプトでの活動の様子

費用が掛かる。この場では「希望は1000だが決定は保留」と伝え、値切り交渉案を練ってみよう…。そんな調子で、ビデオ通話は20分ほどで終了したが、私は十分な手ごたえを得た。モハンマド氏は始終上機嫌にこちらの意見を聞いて下さった。これはきっと、うまく行く！

そこからはトントン拍子に話が進んだ。3月中に契約書を交わすと、あっという間に印刷工程へと入る。その間もエジプトポンドのチャートは不安定な動きを見せていたため、真希さんへ相談した結果、まずは500部出版し、売れ行きが好調であれば増版を考えることにした。あれほど心配していた政府の検閲も呆気なくパスし、**2024年4月15日、ついに私の3冊目の著書となる『XINOBI Co.,Ltd.』第1巻が無事に発刊された。**

こうして2021年2月から始まった「エジプト漫画プロジェクト」は、約3年かけてようやく完結の日を迎える運びとなった。この3年間で多くの情報と体験を得ることができたが、カズさんのように周囲の仲間を巻き込んで進めたかと問われれば、至らぬ点ばかりだったと言わざるを得ない。カズさんが掲げる「C to G」は、多くの仲間を巻き込んでこそ初めて、真の力を発揮できるのではないかと考えている。プロジェクトは一旦区切りがついたが、今後も仲間たちと「C to G」の新たな目標を定め、共に歩んで行けたら幸いだ。

カズさんが主人公の漫画『XINOBI』とは

本書の後半では、「エジプト漫画プロジェクト」にて制作した『XINOBI Co.,Ltd.』の日本語版を、みなさんにぜひご覧いただきたい（本書の最終ページから、右開きで読み進む）。本作品はまだ第3話までしか完成していないが、「日本人による課題解決」をテーマに今後も描き進めたいと考えている。

この物語の舞台であるエジプトは、リビアとスーダンに国境を接しているが、それぞれの国境ラインは定規で線を引いたような直線だ。エジプト

第3章　エジプト漫画プロジェクト

2024年4月にエジプトHAPI出版より発刊された『XINOBI Co.,Ltd.』

だけではなく、アフリカ大陸の国々の多くは、国境が不自然なほど真っすぐに区切られている。アフリカ諸国の国境が直線で区切られている理由は、19世紀末にフランスをはじめとするヨーロッパの国々がアフリカに乗り込み、それぞれの民族の文化や歴史を顧みることなく、自分たちの都合で土地を勝手に分割し植民地としたからだ。この身勝手極まりない分断のために、アフリカ諸国の国境線では今も紛争が絶えない。

　しかし、もしも当時アフリカの国境線を引く役目を日本が担っていたとしたら、こんな乱雑な区切り方は絶対にしなかっただろう。歴史を塗り替えることはできないが、これからの時代、もし日本がアフリカ諸国やアラブの地へ出向き、課題解決のための話し合いの席に着けるのであれば、きっと欧米諸国のやり方とは異なる、日本らしい提案ができるのではないだろうか？

　話を漫画に戻そう。エジプトに降り立った忍者のカズは、さまざまな敵と遭遇する。事件と対峙した時に、主人公カズがいかに日本人らしい行動を採るのか。敵をただ排除するだけではなく、「和を以て貴しと為す」「大和心」で、いかにその場を収めるのか。主人公カズに「日本の精神のポテンシャル」を行動で示してもらうことで、多くの読者により深く、日本がいかなる国であるかを知って欲しい…それが著者である私の願いである。

　漫画に入る前に、私の漫画のキャラクターご本人たち──。カズ（石田和靖）さんとデムーラ（出村一郎）さんの二人を紹介させていただく。二人には現実世界においても日本と世界を繋ぐヒーローとして、今後もますます活躍していただきたい。

　カズさん、デムーラさん。ありがとうございました！

Here we go！

第3章　エジプト漫画プロジェクト

石田和靖
Kazuyasu Ishida

国際情勢YouTuber "越境3.0チャンネル" 石田 和靖

1993年から都内の会計事務所に勤務、中東・アジア資本企業を担当。
外国人経営の輸出業や飲食業、サービス業の法人税・消費税・財務コンサル業務に従事。新興国経済に多大なる関心を抱き、世界と日本をつなぐ仕事に目覚める。

2003年独立。
世界の投資・経済・ビジネスの動画メディア「ワールドインベスターズTV」や、全国会員2,000名以上を擁する海外志向経営者のコミュニティ「越境会」、海外でのジャパンエキスポなどを多数主催。
これまでアジア・中東・アフリカを中心に世界50カ国以上を訪問。
各国要人との関係を構築し、様々なプロジェクトを企画・実行。

そして、海外政府との繋がりから世界の課題解決をプロジェクト単位で進める日本初のC to Gオンラインサロン「越境3.0」を主宰し運営。

2020年にYouTube「越境3.0チャンネル」をスタート。現在チャンネル登録者数23万人超の人気チャンネルに成長中。
著書に「10年後、僕たち日本は生き残れるか ～未来をひらく13歳からの国際情勢～」、「第三世界の主役"中東"～大変革グローバルサウスの時代～」、「オイルマネーの力」など多数。

YouTube越境3.0チャンネル

XINOBI Co.,Ltd. 登場人物紹介

出村一郎
Ichiro Demura

株式会社bds代表取締役社長。
1961年生まれ。石川県金沢市出身。
金沢ファッションビルのイベントマネージャーとしてキャリアをスタート。
その傍ら、北陸放送(TBS系)での地方制作番組も行う！

30代で、プルデンシャル生命保険(金沢支店)に営業担当として入社。
その卓越した業績により、世界のトップセールスマンの一人として名誉ある
MDRT賞を受賞。この功績により、ダラス、トロント、アナハイムなど、
世界的な舞台に立つことになり、国際事業に対する考え方が大きく変化する。

40代で、神戸で300万ドルの資本金で仲間とスタートアップを立ち上げ、
IT業界に進出。当初は困難に直面しながらも粘り強く事業に取り組み、
その結果ビデオオンデマンドサービスモデルを開拓。
東京証券取引所に上場する寸前まで実績を上げる。

50代で、次世代のトップセールスマン育成のための取り組みを開始。営業プロフェッショナル向けのパーソナルトレーニングに特化したベンチャー企業を設立し、日本全国のトップクラス営業マン10,000人以上に影響を与える。

日本人の近未来忍者がアゼルバイジャンで活躍？

小泉　このたびは「越境3.0オンラインサロン」に参加させていただいて、エジプトで漫画『XINOBI（シノビ）』を出版することができました。ありがとうございました。

石田　まずは（小泉）清美さん、エジプトでの出版おめでとうございます。その日本語版も、五月書房新社の協力もあって出版することができて（本書に掲載）、本当におめでとうございます。でもこれはまだ、スタート地点ですよね。

小泉　はい、ありがとうございます。今回の『XINOBI（シノビ）』という漫画は、日本人が中東アラブで日本人的な課題解決をしようという趣旨の漫画で、エジプト以外にもこの『XINOBI』の主人公たちが活躍できると思っています。

石田　そうですね。イスラム社会、アラブ社会への漫画というアプローチの可能性は、まだまだ無限大に広がると思うんです。その中で最初の突破口が、今回はたまたまエジプトという国だったというだけで、今後『XINOBI』という漫画は、いろんな国の人々に夢や感動を与えて、彼らが明るい未来に向かって生きていけるという、そんな役割を担えると思っているんですね。

　日本人の「和の心」で課題解決をしていく、清美さんがそういうシナリオで漫画を描こうと思い立ち、それで日本人の近未来忍者がエジプトの課題を解決して、日本と中東が繋がっていくというストーリーをベースとして考えていましたよね？　そこに共感する国はたくさんあると思います。

小泉　たとえば、どんな国が思い浮かびますか？

石田　たとえば、『XINOBI』の次の展開として考えたい舞台が、アゼルバイジャンかなと思っていて。アゼルバイジャンも同じイスラム教

の国なんですけど、清美さんもご存知の通り、親日度合で言ったらたぶん、アラブ諸国の中でもいちばんじゃないかっていうぐらい、日本が大好きな国です。

　ヘイダル・アリエフ前大統領という方がいるんですけど、彼はアゼルバイジャンの建国の父であって、もう国民的英雄です。なぜなら、たいへん貧しかったソ連崩壊直後のアゼルバイジャンを一気に先進国並みの経済レベルに引き上げたから。ヘイダル・アリエフは短期間で日本の経済を目指そうと…日本人みたいになろうと言って、日本とアゼルバイジャンの人的交流を深めるべきだという考えの中で、アゼルバイジャンの日本のビザのみ無料という制度が始まりました。国民的ヒーローがそう言うのだから国民は全員、日本を向きますよね、さすがにね！

小泉　確かに。アゼルバイジャンは今度BRICS加盟していくということで、もともと資源大国であったけれどもさらに、ロシアであるとか、中国などと結びつきが強くなって、今後ますます発展していくと思います。アゼルバイジャンで、日本人の課題解決力が求められる、そういう課題はあるでしょうか？

石田　やはりいちばんわかりやすいのはナゴルノカラバフの地域でしょうね。あそこは2020年まで戦争をやっていましたが、今は戦争が終わり治安も安定して、急速に戦後復興が進んでいます。そのナゴルノカラバフに2022年の2月に行ったときに、現地の政府の方、エコノミックビジョンという大統領府管轄の組織の方々から聞いた話しでは、日本人のアイディアや技術を参考に経済復興を進めていきたいと。これに対してアゼルバイジャンの大統領が予算を割いていくと既に発言していて、日本人が知ることはとても大きな意味があると思うんですね。

小泉　これからナゴルノカラバフに世界中の観光客を呼ぼうということ

で、これから観光地として展開していくと思います。その際、世界の観光地と比べて、日本独特の観光地の戦略があると思います。たとえばアニメであるとか漫画のキャラクターとコラボするなど、そのあたりぜひ、ナゴルノカラバフの観光の戦略で活用していただきたいと思います。

石田　おっしゃる通りです。日本の観光のすばらしさは、もちろん日本人の心とか、「おもてなし」は当然なんですけど、商業的な話で言うと、やはり土産物の品数が無数にあって、アイディアがやっぱり凄いんですよね。

　たとえばアゼルバイジャンでも最近は少しずつお土産が増えてきたけど、前はもうアゼルバイジャンで買っていくものといったら、紅茶とオリーブオイルとワインぐらいしかなくて。だからこれといったお土産物は、空港でも大したものが売ってないんですよね。日本だとたとえば、沖縄の那覇空港にしても、とにかくお菓子の数も膨大だし、キーホルダー、Tシャツ、タオルなど、お土産が無数にあるじゃないですか。それでみんな喜んでお土産を買ってくれる。それを買うことで観光地へ来た人たちの思い出が残る、そういう方法です。土産物一つにしても日本がアゼルバイジャンに対して提供できるノウハウがあります。

　さらにアゼルバイジャンには、ヤナルダックという、3000年も燃え続けてる炎の山があるんですね。

　3000年間、噴き出す天然ガスがずっと消えないで燃え続けているんで、観光地のポテンシャルとしては極めて高いのに、そこでは土産物も売ってないし、カフェもレストランもホテルもないし、さらにガイドマップすらないというね。もったいないですよね？

　外国人観光客なんかはネットで調べて、そこに行ってみたいなと思うんだけど、どうやって行ったらいいのか、行き方が分からない。

とにかく、なんとかアゼルバイジャン語に翻訳をして、アゼルバイジャンの路線バスの番号を探して、それで何とかたどり着く、今から10年ぐらい前の話しなんですけどね。

その後、僕はアゼルバイジャン大使館公認の日本語のガイドブックを昔、大使館と共同で作ったことがありました。アゼルバイジャンの観光大臣とお会いする機会があったとき、ガイドブックをお渡しして、観光大臣にアドバイスをしたんですよ。

アゼルバイジャンはもの凄い観光のポテンシャルがあるから、カフェを作ったり、土産物も作ったり、ガイドブック、ガイドマップを作ったりしたらいかがですか、と。そうすれば要は外貨が落ちますし、世界発信もできますよ、と言ったらですね、そのアドバイスをしたその翌年には、もうお土産屋さんができて、観光地の管理センターみたいな組織も作って、ガイドマップを作って路線バスもわかりやすいようにご案内してという、僕が言った改善策はもう全部やってくれて。

小泉 凄いですね！　アドバイスをすぐに現実に反映して下さるって本当に柔軟ですよね。

石田 はい。だから逆に言うと、そう言う基本的なところ…日本人から言わせたら、そんなの当然だと思うようなところが、じつは向こうにとってグッド・アイディアになるんですよね。

同じように、さきほど紹介したナゴルノカラバフは、コーカサス山脈のふもとの黒海とカスピ海に挟まれたエリアで、標高5000メートル級の山々が、バァーッと延々と連なってる、そういう場所です。もう本当にずっと向こうまで絶景が続く、もの凄くきれいな風景の観光地で、その観光のポテンシャルはとても高いんです。また、ゴルノカラバフとはロシア語で「黒い大地」という意味で、肥沃な土地で、豊富な農作物が無農薬で取れる地域です。果物や野菜はもう、

日本の北海道といい勝負できるんじゃないかっていうぐらい豊富に作られて。

小泉　実際に、輸出とかもされてるんですかね？

石田　中国には輸出してますね。あとはロシアやイラン、トルコにも。ナゴルノカラバフは観光のポテンシャルもあるし、農業生産のポテンシャルも高い。そこにやはり日本人のアイディアがさらに生かされてくると思います。その観光促進を考えたときに、さきほど清美さんが言われたように、日本の漫画とかアニメを用いて、観光客にいろんな形でわかりやすく伝えたり、現地の観光資源をもっともっと盛り上げていく、そういう役割が果たせると思うんですよ。

小泉　そう思います。

日本のアニメの影響力と日本の中東での存在感

石田　たとえばスーダンの例も挙げさせてもらうと、スーダンでは『キャプテン翼』が大きく活躍してるんです。昔、ハルツームはゴミがたいへん多い街で、僕が昔に行った時は、まだ南北内戦が終わったばっかりだったんですけど、ここがほんとうに首都なのかって思うくらい、もう本当にゴミだらけ、そこら中にゴミが捨てられていたんです。こうしたゴミの課題の解決のために日本のJICAが協力しようということで、『キャプテン翼』の大きなイラストを書いたゴミ収集車を100台近く送ったと聞きます。

　それに加えて、日本のゴミの収集方法、定時定点回収、つまり決まった時間に決まった場所で、『キャプテン翼』のゴミ収集車が回収していくっていうことを決めたらですね、もの凄いスピードで、もう、あっという間に綺麗になった。「翼の車」が来るとき、ちゃんとゴミを出すという習慣が根付いたんです。

　町をあっという間に綺麗にしてしまったのは、日本の『キャプテ

ン翼』、日本のアニメのコンテンツのたいへん大きな影響力のおかげです。世界の人々が課題の解決に向けて実際に行動を起こす、そういう動機のエネルギーになるんじゃないでしょうか、漫画って。

小泉　そうだと思います。けれど、私は一点、気がついたことがありまして。最近、私にはFacebookで繋がった中東アラブの友達が多いんですけれども、特にここ2〜3年、肌感覚で感じたことは、日本への留学生が減ってることです。留学先の国が中国であるとか、あとアゼルバイジャンの子もいたかな。

　今までは日本を目指して勉強していた学生が、急に路線を変更して、中国へ留学するという事例がすごく増えているんです。ですので、日本人が実際に中東やアラブに出ていかないと、どんどん日本の影が薄まってしまうんじゃないかなと思ってるんですけれども、そのあたりどうでしょう？

石田　いやもう、おっしゃる通り！　日本の存在感は次第しだいに薄れていると思いますね。もちろん彼らの根底には親日の感情があり、日本人をリスペクトしてはいるけれど、それ以上に、今、清美さんがおっしゃったように、中国の存在感が増してきていて、中国企業も現地に進出して、それに対して日本は出遅れてるっていう状態が何年も続いています。常日頃使う生活雑貨などのさまざまな商品はすでに、日本の製品よりも中国の製品の方が多く出回ってますしね。そうやって中国が身近になっているのが現実なんです。そうすると学生たちも自然に中国に親近感が湧いたりね。

　昔は、中国人っていうと、いろんな所で何か作ったら作りっぱなしで帰っちゃう、そういうイメージがあったんです。アフリカでも、道路を作って、作り終わったらすぐ帰ってしまって、結局、その後のメンテナンスができない、ほったらかしにしている、そういう状態があちこちで起きていて。だから中東、アフリカでは中国チーム

に対する不信感が多くあったんです、昔はね。一方で、日本の企業や、日本のODAが現地に何かを作ったら、それの使い方を教えたり、メンテナンスを継続的に行なうなど、関係を続けていて、現地の教育にまで関わってきたんですよ。

　中国は日本のそういうやり方をまねて、今は現地でアフターメンテナンスなんかもけっこうしっかりやるようになってきた。特にケニアの鉄道は高い評価を得られていて、中国凄いなっていう、そういった存在感も出てきている。日本がやってきたことを中国がまねて、日本以上の評価を得つつある、今はそういう状況です。

小泉　そうなんですね。今後、日本の民間企業も、もっと中東との関係を深くしていかないと日本の存在感が薄れてしまいますよね。一人でも多く、もうちょっと中東に関心を持ってもらって、良い関係性を継続できたら、と思います。

　それと、日本がBRICSに加盟すれば中東やアフリカと関係を深めていけると思うのですが、その可能性はあるでしょうか。今の自民党政権が続くとなると、かなり難しいと思うんですが。

石田　そうですね。自民党はもうみなさん、たいへん高度な「拝米屋」です。米国側の言うことを聞いてることで自民党政権が成り立ってるようなもんですから。だから政権が変われば、可能性があるかもしれないですね。

小泉　われわれ個人や一般の民間企業が率先して動いて現実を変えていく、そうすればアメリカと日本の政権との、いわゆる癒着も切り離せると思います。

石田　そうですね。まずは一人ひとりの意識改革でしょう。テレビや新聞は、そのあたりの本当のことを発信してくれないので。だからウクライナ戦争にしても、パンデミックにしても、イスラエル反発戦争にしても、やはりどうしてもアメリカ側の都合のいいような

ニュースが配信されてくるから、ほとんどの国民がそれを信じてしまう。

　ニュースを疑う、マスコミを疑う、そういう意識にならないと、おそらく世界の本当の情報は日本人には入って来ないんで。実際に「報道の自由度70位」っていうところまで日本のランクは下がっているのが現実で。だから自分の意識を高めていくこと、あと、真実の情報を知ってる人がどんどん発信して横に広げて繋げていくっていう、そういったアクションが大切になりますね。

小泉　みんながこのままの意識なら、自民党が強いままでしょうね…。カズさんはじめインフルエンサーの方々が真実の情報拡散を一生懸命、がんばっているけど、実際に私の周りでは、中東とかアラブの方々を見ると、「イスラム教徒ですよね？　彼らはテロリストじゃないか？」などと未だに言う方がいるんです。今の日本では、イスラム教徒の悪いところだけがピックアップされて報道されているような気がします。イスラム諸国のいいところを日本国内でどうやって広めていったらいいか、何かいいアイディアはありますか？

漫画の発信で深まる中東各国の文化と交流

石田　『XINOBI』っていう漫画は強力な手段なんじゃないですか？　こういう漫画を一人でも多くの日本人に読んでいただければ、実際の中東なりイスラム教徒のあり方もまた別の角度で見えてきますし、この漫画の中から中東の人たちの愛や友情を感じることができれば、日本人の意識も少し変わってくると思いますよ。彼らの人間らしさや日常生活を知ることで、少なくともイメージはかなり変わってくると思います。

　たとえば書籍のビジネス書では、どうしてもビジネス層の多い年配の人にしか届かない。そういう意味では、漫画は幅広い年齢層の

小泉　実際にちょうど今、在アルジェリア日本大使館主催の漫画コンクールの審査を行っているんですよ。今回が第1回目なんですけど、若い人たちからの作品が60作くらい集まりまして、それで一作品、一作品、ていねいに審査させてもらっている最中なんですけども…。

石田　60作って凄いね！

小泉　本当に、第1回目でこの数の応募は凄いと思いますよ。どれもていねいに描かれていて、しっかり審査をしてるんですけども、とにかくレベルが高くて。もう本当に絵柄を見ただけでは、日本人が描いたのか外国人が描いたのか分からないくらいのレベルなんです。絵柄に関しては、特にアルジェリアは日本のそれに近いところがありまして。

　あとですね、とても驚いたのが、投稿された60作品全部の漫画に言えるんですけど、物語の中にとにかく祖国に対する愛情というか、うちの国を見てくれっていう、そういう自分の国をアピールしたい意識が込められてるんですね。

石田　うんうん。

小泉　日本の漫画はエンターテイメントに特化してるためか、祖国に対する尊敬の念を込めるタイプの漫画は少ないじゃないですか。漫画の表現の傾向として自国のアピールには大きなポテンシャルを感じていて、もう各国が自分の国のことを発信するには、これから漫画というものを有効的に活用して欲しいな。と。私は今後、そういう活動もお手伝いしていきたいと思ってるんです。

石田　なるほど。そうやって漫画を活用して発信するのは、本当に日本の影響ですからね。

小泉　アルジェリアの漫画はもちろんですけど、日本人は海外の作家の

作品をあまり読んだことがないんですよね。読んだらまず、そのレベルの高さにびっくりすると思うんですよ。だから今後、日本国内にも海外の漫画作品が流入して広がって欲しいなと考えてますけどね。国内作家の刺激にもなるでしょうし。

石田　各国の漫画作品とその交流、そこに向けた『XINOBI』の役割っていうのはとても大きいだろうし、そうなる可能性はかなり高いんじゃないかな。中東・アラブの人たちが『XINOBI』を手に取って読むことで、自分の漫画を描きたいとか、何か自分の主張はこうだって作品に込め始めて、その作品を読んだ日本人にも、中東の魅力がダイレクトに伝わるだろうね。

小泉　はい。彼らの漫画には家族を愛する思いなんかも込められているので、その国の国民性とか文化形成にもとても大きな役割を果たすのが、これからの漫画の姿の一つだと思います。

「越境4.0」の時代とその仕事術

小泉　あともう一点。これは個人的にカズさんに聞いてみたいんですが、カズさんの書かれた新書『オイルマネーの力　世界経済をリードするイスラム企業の真実』(アスキー新書)の中にもあった、いわゆる「越境3.0」の「C to G」(消費者 to 政府)についてです。2000年頃は「越境1.0」の「B to B」(ビジネス to ビジネス)であり、2000年代の後半、「越境2.0」の「B to C」(ビジネス to 消費者)に推移していったんですよね？

石田　そうです。

小泉　現在、私たちは「3.0」の時代を生きているわけですけど、この後は何がくるでしょう？　波として「3.0」の後はもう「4.0」が迫っているのでしょうか。

石田　次は「4.0」ですね。「4.0」は…う～ん、何だろうね。

小泉　これらの3段階は、大体10年ぐらいのスパンで変わってきた、と。

石田　そうですね。だからもう2020年超えている今だとしたら、もう次のスパンなのかなっていうぐらいの時間は経ってるので、何か来そうな気がしますけども。

小泉　たとえば今、カズさんのお子様の世代なんかは、ゲームの中で世界とリアルタイムで対戦したりチャットしていると思いますけども、そこでもう翻訳機能がほぼほぼいらない、もう言葉の壁が完全に存在しなくなくなってしまう世界が来るとか…。

石田　それは当然の流れだろうね。でもその先の、予想だにしない展開が来るという予感がありますね、うん。それが何なのかちょっと今、具体的に出てこないんだけど、たぶん我々の想像をはるかに超えるような状態で、世界は驚くほどドラスティックに変わってくるから。

小泉　それにしても2000年頃、すでに現在の「C to G」の時代が来ると予測されていたとは、さすがカズさんですね。

石田　「C to G」に関してよく言われることがあるんだけど、「それって石田さんだからできるんだ」って言う人がいて。でも決してそうではないと思ってて。結局、パッション（情熱）なんですよね。清美さんのパッションがエジプトの漫画出版や、アルジェリアの漫画フェスティバル参加、コンクールの審査員という話に繋がってるわけで。

　俺も清美さんも、別になんの後ろ盾もないじゃないですか？　別に大きな組織の人間でもないし、会社を代表する人間ではなくて。そう考えるとこれからの世界観というのは、もう、その人のパーソナリティが重要になってくると思うんですね。日本人の傾向としては、たとえばどこかの大企業のどこどこ部署っていう肩書きの名刺をもらうと、反射的に頭下げる場面が多くて、肩書きに依存している傾向が強いと思うんだけどね。

小泉　確かに（笑）。

石田　でも今後は、その名刺に書かれてる企業や肩書きは一切、関係なくて、「お前は何者なんだ？」っていう、その人のパーソナリティというか個人の個性がね、海外の企業や政府を動かす時代になってきてると思うんですよ。

　これが「C to G」だと思うんですけど、そう考えると別にいい組織の後ろ盾が何もなくて、そういう行動ができるんであれば、つまり、やる気とパッションがあれば誰でもできるっていうことだと思うんですね。

小泉　国籍や肩書に関係なくパーソナリティで評価されるようになって、今度は年齢も関係なくなるかもしれませんね。もう子どもだからとか、年配だからとかも関係なく。そういう時代が来るかもしれませんね。

石田　もう何か家に居ながらにして、誰でもスマホ１台である程度のことはできる時代なんですよ。

小泉　ですね。カズさんは YouTube 動画もみんなスマホで作られているんですものね。

石田　YouTuber とか TikToker なんてのは、もうだいたい、そんな人が多くて。

　だから僕も仕事のほとんどをそういうやり方で進めています。でも、やっぱり人と会うのが好きだから、基本的に人と会いに外には出かけてはいく。そして自分の生活の在り方というのは、別にどこかに勤めてお給料をもらうって、という形ではなくて、自分で考えて、自分で道を切り開いて、何か新たな収入源を作るのが基本です。こうした仕事のやり方は、昔と比べたらだいぶハードル下がったと思うんですけどね。

小泉　実際に今、スマホがあればいろんな国と繋がることができるわけ

ですが、その環境の中でもカズさんは実際にいろんな国へ行かれていますよね。やはり現地へ行くっていうのは大切ですか？

石田　行ったほうがいいね！　行くとね、やっぱりお互い肌で触れ合って顔を見て話をして、関係が作れるわけで。場合によってはそこで一緒に笑って、一緒に泣いてっていう、そういう時間を共有できる。

　　　リアルな人間関係の重さや信頼ってのは、やはり、ネットの関係に勝りますよ、というか…ネットも便利になったけども、やはり実際に現地へ行くというのは、鉄板というか、そこは譲れないところがあって。ネットはあくまでもそれの補完ですよね。

　　　たとえば、何回も何回も会って、そして四六時中一緒に過ごしていろんなことやってたら、それは関係が深くなるけど、さすがにアゼルバイジャンには毎月、行けないじゃないですか。毎月アゼルバイジャンに行かなくても、現地に住んでいるアゼルバイジャン人とSNSを使って頻繁にやり取りが発生するっていうのは大切ですね。

　　　SNSのタイムラインを見てね、彼らが今、何やってるのか、誰とご飯食べて、どんな話をして、どこへ行ったのかがタイムラインに上がってくると、向こうの日常が見えてくるんで、離れているけれども距離感が縮まっていくっていうのはありますよね。

漫画で日本のファンをもっと増やそう！

小泉　あとは…逆にカズさんが海外の若い方たち、10歳、20歳代の人に向けて、日本からのメッセージがあれば、どんなことを伝えたいでしょう？

石田　日本はね、君たちとともに発展していきたい、だからもっと繋がって、一緒にがんばろうと。僕らもみんなの国を見るから、みんなも日本の国を、日本人を見てくれと、日本を嫌わないで欲しい、と。

小泉　今の…日本の政府のほうは、あまり見て欲しくないですね（笑）。

石田　うん。あとやはり日本人のね、道徳心とかきめ細やかさとか、手先の器用さは世界でもトップクラスだと思うので、そういう日本人のいいところも見習って、母国の発展に繋げて欲しいなと思います。

小泉　海外から日本に訪れた私の友だちも、日本のレストランに実際に入ってみて、「〈おもてなし〉ってこういうことだったのか！」って身をもって体感したと言ってました。今後、海外の若い方たちに、日本を体感しに来て欲しいですよね。

石田　そのとおりです。うちの近所のコンビニはね、ネパール人の女性がいっぱい働いてるんですよ。彼女たちはね、もう日本人よりもていねいだね。

　宅急便を出しに行ったときも、荷物のサイズを測って、それでいくらかかりますなんて対応がとてもていねいでテキパキしてて。コンビニの仕事の種類って、半端なく多岐に渡るじゃないですか。発注したり、宅急便の手配とか、タバコだって何十種類もあるから全部、名前も覚えてさ、唐揚げとかも作らなきゃいけないし。

小泉　コンビニはやることたくさんありますよね。彼女たちが難しい日本語を覚え、さらに複雑な業務やていねいな接客を覚えたのは、やはりその子が日本が好きで来てるからなんですかね？　日本独特の文化を吸収できずになかなか馴染めない方もいると思うんですけど。

石田　やはり単純に、どれだけ好きかの度合いだと思うよ。ネパール人が日本人になることは物理的に無理なんだけど、もう本当に心の奥底で、日本人になりたいと思ってるんだと思うよ。

小泉　各国の若者もそれぞれ自国のアイデンティティやプライドがあると思うんですけども、それでもさらに、何か日本人の良いところを取り込みたいっていう、そういう願望があるんでしょうかね？

石田　そうだと思いますね。自分の国がもっと日本の良いところを取り込んでいくと良くなる、そういう考えを誰かに教わったんだと思い

ますよ。さきほど紹介したアゼルバイジャンなんかはそういう人が多くて、だから日本語を学んでいる企業の社員も凄く増えているし。

　大学の日本語学科の先生は、もう日本語学科の先生が足りない、アゼルバイジャンで日本語を教えてくれる人を紹介してくれって頼まれてしまって。教員免許が必要ですよね？　って聞いたら、いらないと。日本語が喋れる日本人ならOKって言うから、それじゃ日本人全員じゃありませんか？　って返したら、それでも大丈夫だって（笑）。留学生が中国に取られる中で、アゼルバイジャンは本当に日本のファンですよね。

小泉　今後、日本のファンをもっとどんどん増やしていくことが必要なので、それには日本側も、さらに海外で喜んでもらえるアニメや漫画を発信すべきだと思うんですよね。

石田　そう。あと、外国人で日本語を学ぼうとする、特に若い方たちは、やはり漫画やアニメから学ぼうとする方がとても多い。だから、外国人の日本語話者を増やしていくっていう点で考えると、漫画にはたいへん大きな需要があると思いますね。『セーラームーン』が大好きだから、『NARUTO - ナルト -』が大好きだから日本語を勉強しました、そういう人がたいへん多くいますよね。そういう若い日本語話者が、海外の、特に中東やアフリカ・アジアといったグローバルサウスの国々で増えていくと、そういうところに進出した日本の中小企業には、大きな強みになるんじゃないですか。

小泉　そういう人材がたくさんいるっていうだけで、日本人は仕事がやりやすくなりますよね。今回、出版した『XINOBI』という漫画も、出版のみにとどまらず、もっと日本のファンを獲得するために多方面へ展開できるよう、努力していくことが大事ですね。

石田　そして世界にどんどん広がっていってくれるといいな、と。楽しみです。それを見た中東の人たちが、感動で涙流して笑って喜んで

…うん。何か明るい未来をね、イメージしてもらえたら、とても大きな貢献になる。

小泉　今、本当に漫画家を目指してる中東アラブの若い方たち、驚くほどレベルが上がってますので、彼らに負けないように、この先も日本が先頭を走って漫画文化を広めていけたらいいな、と考えてますので、今後もご協力をよろしくお願いします。

石田　もちろん。『XINOBI』の活躍にも期待してます！　最後に、エジプトの出版事情はどんな感じなのか教えてくれますか？　僕の中の中東の本屋さんのイメージは、もうショッピングモールの中に本屋さんがドーンとあるような印象なんですけど。

小泉　エジプトの本屋さんは日本と比べると数は少ないんですが、中古の本になると、割とその辺の市場で平積みにされて売られていたりするようですね。

　漫画を置いてある本屋となるとさらに少ないので、私の友人のエジプト人作家は、海岸にビーチパラソルを開いて観光客に売っていたり、あとは各地で開催されるアニメイベントにブースを出展して、日本でいうところの「コミケ」（コミックマーケット）みたいな環境で売ったりするらしいです。

　出版業界全般で言うならば、本書の前半にも書きましたが、「アラブの春」で田舎の小さなモスクで革命を扇動するような小冊子が配られたという経緯があって、書籍に対する検閲などが未だに残っています。けれども、すでに10年以上経ってるので、検閲の縛りも緩くなっているのでは？　と感じてます。だからこれから、日本人の作家はエジプトで展開するには、たいへんなチャンスだと思うんですよ。

石田　ですね。エジプトって何だかんだ言って、人口では大国ですからね。エジプトが巨大市場を抱える親日国なら、日本が関わる意味は

大きいと思います。エジプト含めた北アフリカは、今後もBRICSに加盟していくでしょうから、さらに発展していくので。

小泉　そうですね。あと、日本で漫画というと、全国にコミック専門店があって、単行本コミックだけでなく、コミックやアニメのフィギュア、キャラクター・グッズもいっぱいあるじゃないですか。そういったお店も今後、エジプトで増えていくかもしれませんね。

石田　いいですね。『XINOBI』のフィギュア展開、おもしろいことになりそう！

小泉　『XINOBI』第1話の表紙を見ていただくとわかると思いますが、主人公カズのコスチュームのカラーリング、じつはエジプトの国旗のカラーなんですよ。いずれグッズ化したら、エジプトのファンが喜んでくれるようにと思って（笑）。

石田　その点は抜かりなく考えてデザインしたわけですね（笑）。噂によると、今後の漫画の展開には、僕の周りの著名な方々がキャラクターとして参戦されるようですね？

小泉　はい。カズさんのお知り合いの「あの方」や「あの方」をキャラクター化させていただく計画ですので、楽しみにしていて下さい。もちろん、ご本人方の許可を得てからですけどね。

石田　楽しみすぎる！

石田・小泉　　（爆笑）

石田　では『XINOB』日本語版、まずは1話から3話までですね、楽しみにしてます。

小泉　本日は貴重なお時間をいただきありがとうございました。カズさん、今後も応援してます！

（対談収録：2024年9月20日）

漫画『XINOBI』は本書の最終ページから、右開きでお読みください。

え

あ…
朝になった

このまま昨日の夕方まで遡ろう

カズ
今何時だ？

ん〜と
深夜の2時くらい

あれは…
叔父貴？

こんな時間に郊外で何してるんだ

もしかして

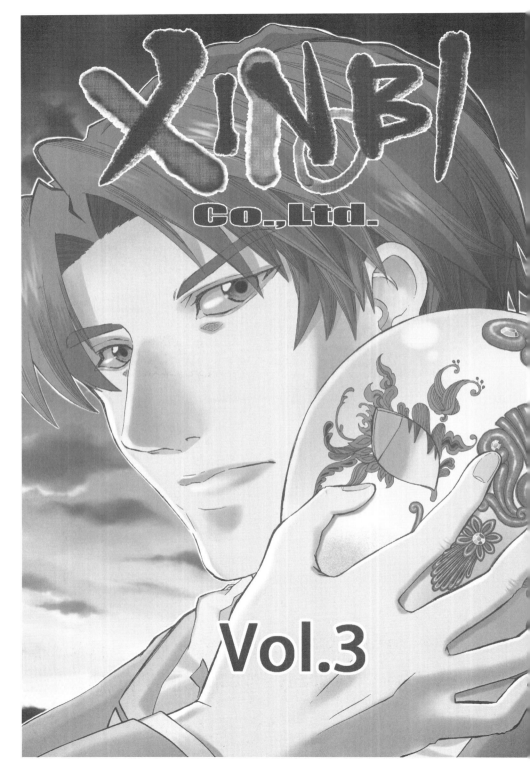

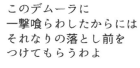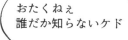

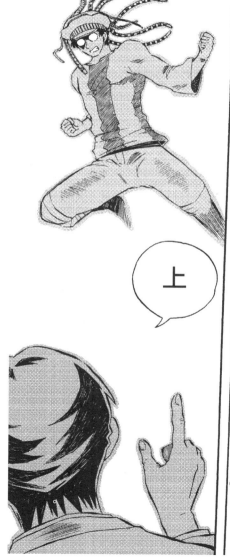

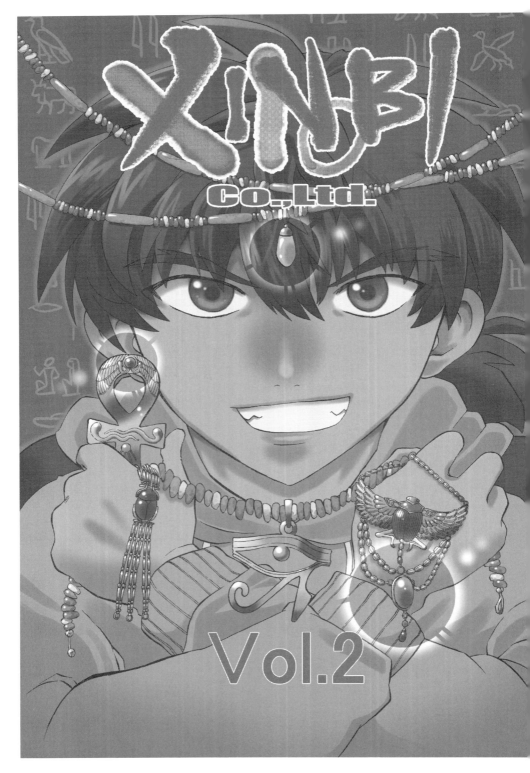

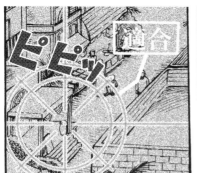

XINBI Co., Ltd.
シノビ・カンパニー・リミテッド
エジプト編

その黒き衣を
世界中で
たなびかせている

Presented by 越境3.0

"越境せよ！"

　この言葉をスローガンに掲げる
私たちは、日本のオンラインサロン
グループです。
　私たちは "C to G" すなわち
Government to Citizen
をモットーに各国政府と自由に
対話を行い、日本のアイデアを
海外に提案し、世界と日本の
友好関係を築く活動を展開して
います。
　この度は、エジプトと日本の
文化交流促進を願い、
エジプトが舞台となる漫画作品を
制作させて頂きました。
　エジプト及びアラブ諸国と日本の
更なる発展と友好を、心より
ご祈念申し上げます。

越境3.0オンラインサロン代表
石田和靖
サロンメンバー　一同

XINBI Co.,Ltd.

Vol. 1
Kiyomi Koizumi

●著者プロフィール

小泉清美（こいずみ・きよみ）

1981年生まれ。静岡県富士宮市身。
2000年、静岡理工科大学星稜高等学校卒業。
2004年、スクウェア・エニックスマンガ大賞少年マンガ部門佳作・審査員特別賞受賞。
2013年、インドにてクリケット漫画『BHAGAVAT CREASE』1巻出版。
2018年、『BHAGAVAT CREASE』2巻出版。
2021年、日本文化を世界へ発信する石田和靖氏主宰「越境3.0 オンラインサロン」へ参加。
「エジプト漫画プロジェクト」を発足。
2023年、第15回「FIBDA」参加。
2024年、エジプトにて漫画『XINOBI Co.,Ltd.』出版。
2024年、在アルジェリア日本大使館主催漫画コンクールにて審査員を務める。

Facebook： https://www.facebook.com/kiyomi.koizumi.524

X： @KiyomiKoizumi

「越境3.0チャンネル」： https://www.youtube.com/@3.0

SNSを駆使してエジプトで漫画を出してみた		
グローバルサウスの日本漫画と文化戦略		

発行日‥‥‥‥二〇二五年二月一八日 初版第一刷発行

本体価格‥‥‥‥一八〇〇円

著　者‥‥‥‥小泉清美

編集人‥‥‥‥杉原　修

発行人‥‥‥‥柴田理加子

発行所‥‥‥‥株式会社 五月書房新社

　　　　　東京都中央区新富二―一一―二

　　　　　郵便番号　一〇四―〇〇四一

　　　　　電話　〇三（六四五三）四四〇五

　　　　　FAX　〇三（六四五三）四四〇六

　　　　　URL　www.gssinc.jp

編集／組版‥‥‥‥株式会社 三月社

装幀‥‥‥‥島　浩二

印刷／製本‥‥‥‥モリモト印刷 株式会社

〈無断転載・複写を禁ず〉

Copyright © by Kiyomi Koizumi

Published 2025 in Japan by Gogatsu Shobo Shinsha Inc.

ISBN978-4-909542-69-4 C0030

"ウクライナ紛争の責任は
アメリカが持たなければならない！"

国際政治学の第一人者による、意見表明(YouTube)に世界が驚いた。

米中露の静かなる対決の構図。大国間の紛争に
日本は巻き込まれるのか？

ジョン・ミアシャイマー【シカゴ大学終身教授】による **不朽の名著**

新装完全版

大国政治の悲劇

ジョン・J・ミアシャイマー著　奥山真司訳

大国政治の悲劇は国際システムの構造に起因するのであって、
人間の意志ではコントロールできない──。
攻撃的現実主義を分かりやすく解説。
「国際政治の教科書」の完全版。

5000円＋税　A5判並製　670頁　ISBN 978-4-909542-17-5 C0031

好評既刊、増刷出来！

地政学　地理と戦略

コリン・グレイ、ジェフリー・スローン編著
奥山真司訳・解説

国際紛争を分析するための研究者には必読書である。地政学の入門書は多数存在するが、本書はそれらの原点であり、基本書となっている。〈コリン・グレイ〉〈ジェフリー・スローン〉の二人の第一人者が編纂した論文集。古典地政学から陸、海、空、宇宙空間までを網羅。奥山真司による明快な和訳も好評。

5000円＋税　A5判並製　516頁
ISBN 978-4-909542-37-3 C0031

五月書房新社
ごがつ

〒104-0041　東京都中央区新富2-11-2
☎ 03-6453-4405　FAX 03-6453-4406　www.gssinc.jp